本书由"四川省哲学社会科学重点研究基地：四川省基础教育研究中心"资助出版
课题名称："学科融合背景下的巴蜀文化校本课程开发与教学研究"（项目编号：JCJY2022-35）

# 初中校本课程中的巴蜀文化资源开发与建设

主编◎杜雪红　卢　雄

西南交通大学出版社
·成　都·

图书在版编目（CIP）数据

初中校本课程中的巴蜀文化资源开发与建设 / 杜雪红，卢雄主编. -- 成都：西南交通大学出版社，2024.9. -- ISBN 978-7-5774-0105-8

I. G127.71

中国国家版本馆CIP数据核字第2024CF6310号

Chuzhong Xiaoben Kecheng zhong de Bashu Wenhua Ziyuan Kaifa yu Jianshe
初中校本课程中的巴蜀文化资源开发与建设

主　编／杜雪红　卢　雄

策划编辑／梁　红
责任编辑／周媛媛
封面设计／曹天擎

西南交通大学出版社出版发行
（四川省成都市金牛区二环路北一段111号西南交通大学创新大厦21楼　610031）
营销部电话：028-87600564　　028-87600533
网址：https://www.xnjdcbs.com
印刷：成都勤德印务有限公司

成品尺寸　185 mm×260 mm
印张　9　字数　173千
版次　2024年9月第1版　　印次　2024年9月第1次

书号　ISBN 978-7-5774-0105-8
定价　56.00元

图书如有印装质量问题　本社负责退换
版权所有　盗版必究　举报电话：028-87600562

# 编委会

主　　编：杜雪红　卢　雄

副主编：吕思文　涂勋志　凌　燕　王　静　蒋玙潞

编　　委：唐　靖　冯海霞　刘　爽　蒋　静　王海涛
　　　　　何大钊　曾庆勇　李　泽　李方明　郑琳丹
　　　　　李　婷　李琼梅　潘　越　周梦醒　黄思钰
　　　　　居雪莲　何兴旺　刘天一　胡　瑜　何　慧
　　　　　刘　庭　李婉玥　杨佳璐　罗　宇　罗蕊灏
　　　　　魏丹丹　夏新悦　母彬红　杨镇鸿　王志伟
　　　　　黄祥东

# 前言

习近平总书记在庆祝中国共产党成立100周年大会的讲话中提出"坚持把马克思主义基本原理同中国具体实际相结合、同中华优秀传统文化相结合"[①]的重要论断，在文化传承发展座谈会指出"只有全面深入了解中华文明的历史，才能更有效地推动中华优秀传统文化创造性转化、创新性发展，更有力地推进中国特色社会主义文化建设，建设中华民族现代文明"[②]。广大教育工作者，必须努力践行"两个结合"，在学校教育实践中探索优秀传统文化涵养，培育德智体美劳全面发展的社会主义建设者和接班人。

中华文化源远流长，中华文明博大精深。巴蜀文化底蕴深厚，绚丽多彩，不仅仅是优秀的地域文化，更是中华文化的重要组成部分。巴蜀大地，钟灵毓秀，人杰地灵。优美的自然生态与深厚的人文底蕴交相辉映，源远流长的文化基因与包容奋斗的巴蜀精神相得益彰、灿烂辉煌。巴蜀人民以其独特的智慧和才情，创造出了丰富多彩的文化艺术，形成了独具魅力的巴蜀文化。这种文化不仅仅深深植根于这片热土，更在历史的长河中不断传承与发展。

在当今全球化的时代背景下，文化的多样性和独特性愈发受到重视。巴蜀文化，作为中华优秀传统文化的重要组成部分，其独特的价值和意义也日益凸显。如何传承和弘扬巴蜀文化，让其在新的历史时期焕发出新的光彩，成为我们面临的重要课题。学校教育，作为文化传承的重要载体，肩负着培养新一代巴蜀人的历史使命。作为巴蜀文化的研究者和基础教育学校的教育工作者，我们必须主动肩负起传承和发扬巴蜀文化的历史责任。

初中阶段是青少年世界观、人生观和价值观形成的关键期，巴蜀大地上的教育工作者，必须高举习近平新时代中国特色社会主义思想伟大旗帜，通过弘扬巴蜀文化中的中华优秀传统文化精髓，讲好四川故事、培育初中生社会主义核心价值观和筑牢理想

---

① 人民网：《积极推动马克思主义基本原理同中华优秀传统文化相结合》，2021年10月11日，http://theory.people.com.cn/GB/n1/2021/1011/c40531-32249186.html。
② 《习近平：在文化传承发展座谈会上的讲话》，《求是》，2023年8月31日，http://www.moe.gov.cn/jyb_wxfb/moe_176/202308/t20230831_1077496.html。

信念的精神内核，实现以文化人、以文育人、以文培元，有效落实立德树人这一教育根本任务。初中阶段也是学生个性发展和文化认同感形成的关键期，将巴蜀文化纳入教育课程，不仅仅有助于学生了解和掌握地方文化的精髓，更能激发他们对中华优秀传统文化的兴趣和热爱，培养他们的文化自信与民族自豪感。因此，我们组织编写了《初中校本课程中的巴蜀文化资源开发与建设》一书，通过系统全面地梳理初中课程中所包含的巴蜀文化元素，让学生更好地了解巴蜀文化的独特魅力和精神内涵，培养学生的文化认同和归属感，增强文化自信和民族自豪感，达到以文化人、以文育人的教育目的。

  本书在编写过程中坚持文化育人的理念，以巴蜀文化为核心，以初中教材中的巴蜀文化元素梳理为主线，全面收集初中各学科教材中的巴蜀文化内容，深入挖掘巴蜀文化的丰富内涵，把教材知识、课堂教学和巴蜀文化紧密结合，以本土文化进教材、进课堂的形式让学生充分领略巴蜀文化的博大精深，感受其独特的艺术魅力和人文精神，从而在潜移默化中提升自己的文化素养和审美情趣。用本土文化涵养学生品格，以人文精神融通学生心灵，引导学生全面理解中华优秀传统文化，践行传承和弘扬巴蜀文化的历史使命。

  本书共包含巴蜀文化名人、巴蜀名胜名景、巴蜀美食文化和巴蜀民俗文化四个部分，以特定巴蜀文化元素为中心，分学科展开内容介绍，每个独立内容均包含初中教材中的巴蜀文化内容简介，学科知识和学科融合探究三个部分。第一章巴蜀文化名人，系统梳理了文翁、扬雄、李白、杜甫、苏轼5位巴蜀文化名人的事迹，展现了薪火相传的巴蜀文脉和源远流长的文化底蕴。第二章巴蜀名胜名景，梳理了以三星堆、武侯祠、都江堰为代表的巴蜀名胜古迹和人文景观，从初中教学中不同的学科角度探析巴蜀名胜古迹所包含的学科知识和人文精神。第三章巴蜀美食文化，以巴蜀美酒、自贡井盐、川渝泡菜、四川茶叶等巴蜀地区独具代表性的美食特产，展现了巴蜀先民和当代巴蜀人民特有的饮食文化。第四章巴蜀民俗文化，以蜀麻、蜀锦、蜀绣，皮影，川剧，清音，方言五大板块为重点，全面梳理初中课程中与之相关的巴蜀民间艺术和民俗文化内容。

  《初中校本课程中的巴蜀文化资源开发与建设》一书，一是立足巴蜀大地，以弘扬巴蜀文化中的中华优秀传统文化精髓为引领，以培育中学生的社会主义核心价值观和文化自信为教育目标，以巴蜀文化校本课程开发和建设为路径，系统地向中学生进行巴蜀精神、巴蜀文化的教育。二是依据初中学生身心发展特点和规律，注重校本文化育人课程开发的针对性和有效性，推进《义务教育课程方案和课程标准（2022年版）》中传承中华优秀传统文化的教育任务的落地实施。三是深度挖掘初中语文、历史、地理等课程中巴蜀文化的教育元素，聚焦主题，构建中学课程中的巴蜀文化教育体系。本书以生动活泼的行文方式，注重激发学生的求知欲和好奇心，让中学生在浓厚的学习兴趣中深层次地体会巴蜀文化的魅力，内化巴蜀精神，培养学生热爱家乡、热爱国家的情怀，坚定其文化自信，实现以文化人、以文育人。

在本书的编写过程中，我们参考了大量文献资料，并已尽量在参考文献中将其列出，但仍然有个别资料难以找到准确的出处。在此特向这些文献的作者表示衷心的感谢，并向未能明确列出的文献资料作者表达歉意。

在编写本书的过程中，我们得到了众多专家学者的支持和帮助。他们提供了宝贵的资料和建议，使得本书能够更加准确地呈现巴蜀文化的独特风貌。同时，我们也要感谢所有参与本书编写和审阅的老师们，他们的辛勤付出为本书的出版奠定了坚实的基础。

本书不仅仅是一本面向中学生的文化科普读物，我们更期望通过本书的传播和推广，让更多的人了解和关注巴蜀文化，进一步推动其传承和发展。愿每一位读者都能在阅读本书的过程中，感受到巴蜀文化的独特魅力和精神力量，共同为传承和弘扬巴蜀文化贡献自己的力量。

由于时间、编写者水平以及研究条件的限制，书中的遗漏和失误在所难免，恳请广大读者批评指正。

杜雪红　卢　雄

2024年4月

# 目 录

## 第一章 巴蜀文化名人

第一节 文　翁 …………………………………………………… 002

第二节 扬　雄 …………………………………………………… 005

第三节 李　白 …………………………………………………… 014

第四节 杜　甫 …………………………………………………… 018

第五节 苏　轼 …………………………………………………… 023

## 第二章 巴蜀名胜名景

第一节 三星堆 …………………………………………………… 028

第二节 武侯祠 …………………………………………………… 037

第三节 都江堰 …………………………………………………… 050

## 第三章 巴蜀美食文化

第一节 巴蜀美酒 ………………………………………………… 060

第二节 自贡井盐 ………………………………………………… 068

第三节 川渝泡菜 ………………………………………………… 078

第四节 四川茶叶 ………………………………………………… 081

## 第四章 巴蜀民俗文化

第一节 蜀麻、蜀锦、蜀绣风流 …………………………………… 090

第二节 皮影流光 …………………………………………………… 094

第三节 川剧绝技 …………………………………………………… 100

第四节 轻音绝唱 …………………………………………………… 119

第五节 趣味方言 …………………………………………………… 128

## 参考文献 ………………………………………………………………… 133

# 第一章 巴蜀文化名人

巴蜀地区大致涵盖现在的四川省和重庆市。巴文化以重庆为核心区域，巴人最早在夷城（今湖北长阳土家族自治县境内）建立了巴国的第一个都城，其活动范围后来扩展至重庆全域、湖北西部、四川东部、陕西南部及贵州北部等地。蜀文化则由三个古族融合发展而来，蜀地在西周时期成为封国，历史文献记载中蜀地与夏文化存在同源关系，其地域范围包含川西、陕南、滇北一带。

巴蜀之地素有天府之国的美称，从古至今，巴山蜀水这片美丽富饶的土地更是哺育了一批又一批的历史文化名人。天府之土，人杰地灵，历史名人更是灿若群星。立足巴蜀大地，传承弘扬中华优秀传统文化的精髓，培育中学生的文化自信，首先是要传承和弘扬巴蜀历代文化名人铸就的巴蜀精神和巴蜀文脉。

文翁化蜀，建太学，立学宫，开蜀地公学先河，启巴蜀文脉之源。李白出川，带着巴蜀儿郎特有的豪情与胸怀，行遍大半个中国，海纳百川，兼收并蓄，集百家精华于一身，终成惊天地泣鬼神的诗仙。苏轼入世，携眉山烟雨之气，纵论古今，其文纵横捭阖，其词豪放清旷，将蜀地文人的才情与胸襟挥洒得淋漓尽致，终成一代文宗。杜甫入蜀，经历了仕途失意和山河破碎的颠沛流离，巴蜀大地的独特人文精神与社会现实仿佛一道暗夜中的星光，为他重新照亮了中华文化的新天地，诗圣的诗歌也从对社会现实的记录升华到对生命意义的深刻思考，最终成为中华文明长河中最庄严、最瑰丽、最永恒的一道光彩。

巴山蜀水，绿海天府，哺育、滋养着一代代的巴蜀人民，从文翁、扬雄到李白、苏轼、杜甫，无数英雄豪杰、文人墨客，汇集巴蜀，可谓繁星相聚，名人辈出，他们必将在巴蜀文化史上闪烁出灿烂的光辉。"英雄割据虽已矣，文采风流今尚存"，传承弘扬巴蜀文化精神，让我们从认识巴蜀历代名人开始吧！

# 第一节 文 翁

## 一、文翁事迹概述

回望历史,汉初在蜀郡成都发生了一个重要事件——"文翁兴学"。这一富有创造性的教育活动,不仅改变了当时蜀地的社会风气,也让历史记住了杰出的教育实践者文翁。文翁蜀郡教育事业的兴起,对于学子来说意义十分重大,这是儒学传播史和四川文化发展史上的一件大事。

文翁(见图1-1,前187—前100年),西汉庐江郡舒县(今安徽省六安市舒城县)人,曾任蜀都郡守,为人仁德慈爱,善教导感化他人。见蜀人风俗习惯野蛮落后,于是文翁打算诱导教化,加以改进。他先是派遣部分较为聪慧的蜀地小官吏到京城学习,待他们学有所成后再回来,就可以在蜀地担任重要职位。

图1-1 文翁画像
(梅凯作,四川省方志馆藏)

此外,文翁在成都市中修建公办的学府,同时免除校内学子的徭役,学问高的学生还可以在郡县担任官员;在外出考察的时候,文翁也爱带上学宫的学子,各地的官员和百姓听说了这件事后,将能够进入文翁学宫学习视为荣耀的事,人们争先恐后想成为学宫弟子,蜀地也因此发生了前所未有的改变。汉武帝继位后,命令各郡县效法文翁,大肆兴太学、立学官,于是就有了文翁最早创立了学宫这种说法。文翁逝世后,官民都为他修建祠堂并经常祭拜他,人们尊称他为公学始祖。成都石室中学十分有名,其前身便是文翁创办的文翁石室,两千多年来连续办学、从未移址,是世界上第一所地方官办学校。

## 二、文翁与巴蜀文脉传承

文翁兴学的事迹被载入多部历史典籍,并入选初中历史教材,成为学生学习汉代文化的重要内容。在部编版历史教材七年级上册"秦汉时期的文化"单元中,特别提到文翁创办了中国最早的地方官学,并引用了《汉书》中"至今巴蜀好文雅,文翁之化也"

的评价，帮助学生理解汉代教育制度的发展。在语文教材中，杜甫"诸葛蜀人爱，文翁儒化成"等诗句被选为古诗拓展阅读材料，让学生通过文学作品感受文翁对巴蜀文化的深远影响。四川省地方课程更将文翁石室（见图1-2）作为重点案例，详细阐述其与巴蜀"崇文重教"传统的渊源关系。如：

### 文翁讲堂

（唐）卢照邻

锦里淹中馆，岷山稷下亭。

空梁无燕雀，古壁有丹青。

槐落犹疑市，苔深不辨铭。

良哉二千石，江汉表遗灵。

**注 释**

①【锦里】【岷山】【江汉】都代指成都。

②【淹中馆】借用《礼经》所出之地"淹中"（鲁国里名）代指文翁石室；【稷下亭】以战国时期齐国"稷下学宫"喻指文翁讲学之所。

③【市】即槐市。汉代长安读书人聚会、贸易之市。因其地多槐而得名。后借指学宫、学舍。

④【二千石】汉代郡守俸禄为二千石，所以用二千石代指郡守。而文翁做过蜀地郡守，所以此处用二千石来代指文翁。

⑤【遗灵】指前贤的神灵。这里指文翁。

"初唐四杰"之一的卢照邻在一次谒访文翁石室旧址时，看到这里的现状之衰败，深感悲痛，特写下了《文翁讲堂》这首五律怀古诗。诗歌首联点明了文翁石室所处

图1-2 文翁石室

的地理位置。颔联用"空梁"和"丹青"展现出兴盛的讲学之地如今衰败没落、无人居住，空荡的梁房上没有燕子和麻雀，陈旧的石壁上也还残存着些许绘画。颈联中的"犹""疑"让卢照邻恍惚看到了当初繁华的文翁石室，但"苔深"遮住的铭文又将他无情拉回到现实。颔联"自上而下"、颈联"由远及近"对文翁旧址现状的刻画，都给予了读者视觉空间上的冲击和想象。"尾联"则表示即使经过了岁月变迁，人们逐渐遗忘文翁，但文翁石室也会留下他存在过的痕迹。诗歌情景交融，在表达了缅怀文翁、对文翁讲学之地昔盛今衰的惋惜的同时，也引发了对自身遭遇的感慨——渴望一展抱负却又怀才不遇。

## 三、学科融合探究

### 文翁庄记

(清) 黄瑞鳌

西汉循吏，治行卓卓者六人，班氏选次，各载其里居，而文翁，朱邑，皆以庐江舒人称。考汉文景时，舒属庐江郡，而翁与邑固舒产也，余幼读其传，慕其为政，不敢必躬其地也。及筮仕于舒，窃私喜曰：三代而下，唯汉治为近古，西京循吏有六，舒出者二，舒之人材，于斯为盛。宜其风流余韵，沾被于龙眠鹿起之区，人文炳蔚，立帜淮南，风俗厚朴，媲美中州，二公之德化，岂徒见于蜀郡、桐乡而已哉。高山在望，仰止弥殷，益受之慕之。询其里居之所在，父老为余言，朱邑居所，闻异词，已不可考。惟文翁庄在邑南，相传即今文家冲也。余闻，将诣焉。或曰名虽存，庄废久矣，且在深山中，地偏径仄，可无往。余曰：不然。夫人诚有志于古之圣贤，每不惮跋涉山川，过都越国，造其里居，睹其手泽遗迹，以想见其为人。即令远莫能至，犹从读书诵诗之际，唏嘘凭吊，而神往于东海、北海之遥，千里、万里之外，睾然高望，而远志焉，曰各师呼！况其居之近，若此其甚者乎。于是命仆夫问道而往，空山之中，苍苍云树，古庙肖然，山中人曰：此文翁祠，即翁当年山庄遗址也。翁之子孙，世居此山，闻余至，有来迎者。爰诣其祠，灵爽式凭，仪型斯在，谒拜之下，肃然敬生，凤昔向往之私，于焉大慰矣。昔赵文子与叔向观于九原，文子曰：死者如可作也，吾谁与归。叔向以阳处舅犯拟之。文子不然，盖其意在随武子也，余之仰慕文翁，亦犹是文子之意欤。翁之仁爱好教化，遣张叔等诣京师，受业博士，招下县子弟以为学官弟子，俾僻陋之蜀郡比齐鲁，孟坚述之备矣。余亦可无言也。独幸此庄之存。逾于朱邑之无凭瞻，溯徒深仰止也，是不可以不记。(摘自光绪《续修舒城县志》)

本文将文翁的生平事迹进行了描述,更说到了文翁在教育方面为后世作出极大的贡献。他不仅创办了世界上第一所"公立"学校,还创造了一系列的教学方法、措施和理念,推动了汉文化和儒家文化的发展。他是中国历史上一位真正伟大的教育家。

作为蓉城学子,我们更需要了解这位伟大的教育家。了解文翁、走近文翁,请同学们在周末同家人一起到文翁石室旧址参观,写下自己的所见所闻所感,或者将想对文翁说的话写成一封跨越时空的信。

# 第二节 扬 雄

## 一、扬雄概述

扬雄(前53年—18年),字子云,蜀郡郫县(今四川省成都市郫都区)人。汉朝辞赋家、思想家。他的家族自山西迁居蜀地,五世祖扬季曾任庐江太守,后以耕读传家。

扬雄少年好学,博览群书,以辞赋闻名。他曾向汉成帝献《甘泉赋》劝谏其节俭;晚年专注哲学研究,提出"玄"为宇宙本源的观点,著有《太玄》《法言》等经典。他的思想与著作是中华文明"多元一体"的生动见证:历史教材通过他与董仲舒的对比,展现汉代思想的多样性;语文课本引用其"修身以为弓,矫思以为矢"的名句阐释修身之道;而他在《蜀王本纪》中记录的古蜀传说,竟与三星堆出土的"青铜纵目面具"神奇吻合,成为考古发现的"文字注脚"。在四川,扬雄更是重要的文化符号:他的《方言》保留着汉代巴蜀方言的密码(如"摆龙门阵"的渊源);郫都扬雄墓、绵阳子云亭成为当地打卡的文化地标;就连杜甫也写诗赞誉他"寂寂扬子宅,门无卿相舆",足见其作为巴蜀"崇文重教"精神早期代表人物的深远影响。

## 二、人物平生

### (一)家世背景

扬雄家族源出姬姓,为周王室支裔。周幽王时期,其先祖尚父受封于杨邑[①](今山

---

[①] 《新唐书·宰相世系表》称周宣王时期封尚父于杨邑,但《左传》《国语》等更早文献未载此事。结合晋国羊舌氏分封逻辑,学界多采信周幽王时期说(参见杨宽《西周史》)。

西洪洞东南①），始建杨国，后裔遂以邑为氏。春秋时期，晋国公族叔向（羊舌肸）受封杨邑，家族称羊舌氏。叔向之子杨食我（字伯石）始以"杨"为氏（"扬""杨"古时通用②），奠定杨氏一脉根基。晋顷公十二年（前514年），晋国六卿诛灭祁氏、羊舌氏，杨氏族人被迫逃亡，先迁至华山仙谷③（今陕西华阴），后因晋国内乱再南迁至楚地巫山一带④。

西汉初年，为避中原战乱，扬氏沿长江溯流西迁，定居于巴郡江州⑤（今重庆）。汉武帝元鼎年间（前116—前111年），扬雄五世祖扬季任庐江太守，后因避仇弃官⑥，举家迁至蜀郡郫县⑦（今成都郫都区）。扬氏在蜀地以耕读传家，至扬雄时已发展为当地文化世族⑧。

### （二）少而好学

扬雄家族世代以耕种养蚕为职业。从扬季到扬雄，五代只有一子单传，所以扬雄在蜀地没有别的亲族。

扬雄小时好学，不只是研究章句、通晓字词解释而已，他博览群书，无所不读。且他为人平易宽和，但因口吃不能快速讲话，爱静默沉思，清静无为，没有什么嗜好欲望，不追逐富贵，不担忧贫贱，不故意修炼品性来在世上求取声名。家产不超过十金，穷得没有一石余粮，却很安然。自身胸怀博大，不是圣哲的书不喜欢；不合己意，即使能富贵也不干。

### （三）仰慕先贤

汉武帝时期，蜀地才子司马相如以壮丽典雅的辞赋闻名于世。扬雄对司马相如极

---

① 杨国故城位于今山西洪洞东南，考古发现西周晚期青铜器铭文有"杨侯"记载（参见《商周青铜器铭文暨图像集成》）。
② 先秦文献中"扬""杨"多混用，如《诗经·大雅·崧高》"申伯信迈，王饯于郿"之"郿"，《水经注》引作"杨"。至汉代，姓氏逐渐分化，"扬雄"之姓从木（杨）改为从手（扬），或为避讳或书写习惯（参考王先谦《汉书补注》）。
③ 《华阳国志·蜀志》载："杨氏自晋徙华阴，后迁巫山。"华山仙谷即华阴一带，为杨氏南迁中转地。
④ 《舆地广记·荆湖北路》提及："巫山有扬氏旧族，盖晋卿之遗。"印证杨氏南迁路线。
⑤ 《华阳国志·巴志》载："楚汉之际，扬氏自巫山溯江入巴。"江州为秦汉巴郡治所，今重庆渝中区。
⑥ 《汉书·扬雄传》仅言"避仇"，未载仇家身份。清代王鸣盛推测与淮南王刘安案有关（见《十七史商榷》），然无实证。
⑦ 北宋欧阳忞《舆地广记》考证："扬雄，成都人，其先世居郫。"可知郫县为祖籍，成都为实际居住地。
⑧ 扬雄《自序》称其家族"世世以农桑为业"，但据《蜀都赋》描述，扬氏广藏典籍，实为耕读并重的地方士族。

为钦佩,每次创作辞赋时,常模仿其笔法。扬雄又惊叹于屈原的文学才华远超司马相如,却遭朝廷排挤,最终创作《离骚》后投江自尽。为此,扬雄深感悲叹,他认为君子若时运亨通,应积极施展抱负;若时运不济,则宜如藏龙卧蛇般蛰伏待机。机遇好坏皆由天命,何必选择投江自沉?于是,扬雄创作《反离骚》,选取《离骚》中的文句重新构思成篇,以此表达自己的见解,并将文章投入岷江中,用以祭奠屈原。此后,他还仿照《离骚》创作《广骚》,又模拟《惜诵》至《怀沙》的文体,撰写《畔牢愁》。

### (四)拜师学艺

扬雄是汉代京城的文化巨擘,被后来的学者誉为"汉代的孔子"。每每扬雄与人把酒言欢、互诉衷肠之际,都会深切怀念在"横山读书台"严君平先生门下的那段单纯又快乐的求学时光。

严君平隐居平乐山(又称横山)时,开办了"横山读书台",平日里一边教课,一边整理著作。一日,扬雄上山拜师,行过跪拜之礼后,按照当时的传统礼仪给老师递上了十条腊肉,严君平却连忙摆手,"罢了罢了!不讲这些礼数!"

《论语·述而》记载,子曰:"自行束脩以上,吾未尝无诲焉。"意思是孔子说:"只要自愿拿着十余干肉为礼来见我的人,我从来没有不给他教诲的。"严君平却认为"横山读书台"主要教授老子的道学,这拜师礼是孔子提出的,可不适用。扬雄坚持:惠帝王与惠子民并不矛盾呀!如果两者能够兼具,不正好是圣人的中庸之道吗?

一番谈论过后,严君平对扬雄颇为满意,收下了这名弟子,扬雄便住进了横山,这一待就是八年。

### (五)步入仕途

大司马车骑将军王商赏识扬雄的文采,经蜀人杨庄(杨庄此前已向汉成帝推荐过扬雄的赋作)的引荐,汉成帝任命扬雄为给事黄门郎,使其随侍左右。

元延二年(前11年)正月,扬雄与成帝前往甘泉宫,作《甘泉赋》讽刺成帝铺张。十二月又作《羽猎赋》,仍然以劝谏为主题。后扬雄被封黄门郎,与王莽、刘歆等为同僚。元延三年(前10年)扬雄作《长杨赋》,继续对成帝的铺张奢侈提出批评。

扬雄后来认为辞赋为"雕虫篆刻","壮夫不为",转而研究哲学。仿《论语》作《法言》,仿《易经》作《太玄》,提出以"玄"作为宇宙万物根源之学说。有人笑他,于是他写了一篇《解嘲》。为了宽慰自己,又写了一篇《逐贫赋》。

## （六）晚年经历

王莽当政时，刘歆、甄丰都做了上公，王莽既已假借符命祥瑞自立为帝，即位后便想禁绝这种做法来使前事得到神化，而甄丰的儿子甄寻、刘歆的儿子刘棻却再次进献符命。于是王莽杀了甄丰父子，流放刘棻到边远之地，凡供辞中牵连到的人一律逮捕，不予宽赦。当时扬雄在天禄阁校勘书籍，办案的使者来了，要抓扬雄，扬雄担心不能免于灾祸，便从阁上跳下，差点摔死。王莽听说后，问："扬雄一向不参与这些事，为什么牵涉到他？"暗中查问其原因，才知道原来刘棻曾向扬雄学写过奇字，而扬雄并不知情。于是王莽下诏不追究他。然而京城中却因此流传出谚语说："惟寂寞，自投阁；爰清静，作符命。"①

扬雄因病免职，又被召回担任大夫。他家境一向贫寒，喜爱喝酒，很少有人去他家拜访。当时有一些爱好学术的人带着酒菜跟从他学习，其中，钜鹿人侯芭常跟扬雄一起居住，学习他的《太玄》《法言》。刘歆也曾看到这两部书，对扬雄说："你这是白白辛苦！现在求学者追求功名利禄，尚且不能通晓《易》，何况《玄》？我担心后人用它来盖酱坛子啊。"扬雄笑而不答。扬雄死后侯芭为他建坟，守丧三年。②

当时，大司空王邑、纳言严尤听说扬雄去世，便对桓谭说："你常常称赞扬雄的著作，这些书难道能在后世流传吗？"桓谭回答说："必定会流传。只是您和我等不到那一天了。大凡人都是轻视眼前的事物而重视久远的事物，人们亲眼看见扬子云（扬雄）的官禄地位和容貌仪表不足以打动人心，所以就轻视他的著作。从前老子作虚无之论两篇（指《道德经》），轻仁义，反礼学，但后世喜爱它的人还认为它超过《五经》，从汉文帝、汉景帝到司马迁都有这样的言论。如今扬子的著作文义极为深刻，而且立论不违背圣人之道，如果能遇到当时的君主，再经过贤明智者的阅读和称许，那么必定会超越诸子百家了。"有些儒生讥讽扬雄，认为他并非圣人却撰写经籍，就像春秋时期的吴楚君主僭越称王，属灭族绝后之罪。但扬雄卒后四十余年（约58年），他的《法言》已

---

① 王莽时，刘歆、甄丰皆为上公，莽既以符命自立，即位之后欲绝其原以神前事，而丰子寻、歆子棻复献之。莽诛丰父子，投棻四裔，辞所连及，便收不请。时雄校书天禄阁上，治狱使者来，欲收雄，雄恐不能自免，乃从阁上自投下，几死。莽闻之曰："雄素不与事，何故在此？"间请问其故，乃刘棻尝从雄学作奇字，雄不知情。有诏勿问。然京师为之语曰："惟寂寞，自投阁；爰清静，作符命。"

② 雄以病免，复召为大夫。家素贫，耆酒，人希至其门。时有好事者载酒肴从游学，而钜鹿侯芭常从雄居，受其《太玄》《法言》焉。刘歆亦尝观之，谓雄曰："空自苦！今学者有禄利，然尚不能明《易》，又如《玄》何？吾恐后人用覆酱瓿也。"雄笑而不应。年七十一，天凤五年卒，侯芭为起坟，丧之三年。

经广泛流传。《太玄》未能显扬,但两部典籍都完整地保存于世。①

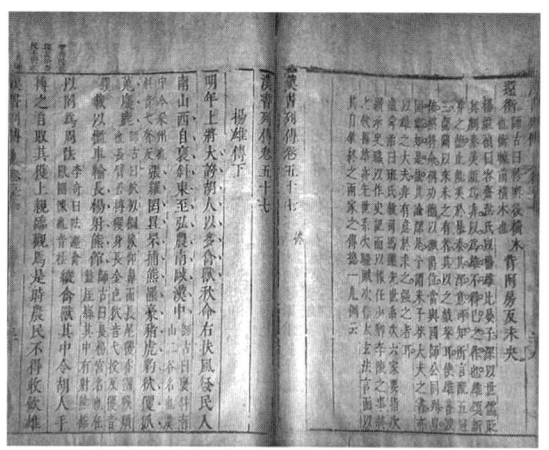

图1-3 《汉书·卷八十七·列传第五十七》影印

## 三、主要成就

### (一)辞赋

扬雄早年极其崇拜司马相如,曾模仿其《子虚赋》《上林赋》而创作《甘泉赋》《羽猎赋》《长杨赋》等作品。这些赋作表面延续了汉赋"劝百讽一"的传统,在铺陈帝王气象的同时暗含讽喻之意,但客观上仍为渐趋衰落的汉王朝营造了盛世图景,故后世有"扬马"之称。晚年扬雄在《法言·吾子》中反思赋体创作,认为作赋不过是"童子雕虫篆刻",乃"壮夫不为"之事,并清醒地认识到自己与司马相如的赋作虽具讽喻形式,实则收效甚微,终成变相颂扬。他提出的"诗人之赋丽以则,辞人之赋丽以淫"的著名论断,更从创作旨趣层面厘清了楚辞与汉赋的本质差异。这种辩证的文学观对后世赋学批评产生了深远影响。

扬雄的赋中,写得比较有特点的是他自述情怀的几篇,如《解嘲》《逐贫赋》和《酒箴》等。《解嘲》写他不愿趋炎附势去做官,而自甘淡泊来写他的《太玄》。文中揭露了当时朝廷擅权、倾轧的黑暗局面:"当涂者升青云,失路者委沟渠;且握权则为

---

① 时,大司空王邑、纳言严尤闻雄死,谓桓谭曰:"子常称扬雄书,岂能传于后世乎?"谭曰:"必传。顾君与谭不及见也。凡人贱近而贵远,亲见扬子云禄位容貌不能动人,故轻其书。昔老聃著虚无之言两篇,薄仁义,非礼学,然后世好之者尚以为过于《五经》,自汉文、景之君及司马迁皆有是言。今扬子之书文义至深,而论不诡于圣人,若使遭遇时君,更阅贤知,为所称善,则必度越诸子矣。"诸儒或讥以为雄非圣人而作经,犹春秋吴楚之君僭号称王,盖诛绝之罪也。自雄之没至今四十余年,其《法言》大行,而《玄》终不显,然篇籍具存。

卿相，夕失势则为匹夫"；并对庸夫充斥，而奇才异行之士不能见容的状况深表愤慨："当今县令不请士，郡守不迎师，群卿不揖客，将相不俯眉。言奇者见疑，行殊者得辟。是以欲谈者卷舌而同声，欲步者拟足而投迹。"可见赋中寄寓了作者对社会现实的强烈不满。这篇赋虽借鉴《答客难》的写法，但论述酣畅淋漓，言辞尖锐犀利，在思想和艺术上仍有其独到之处。《逐贫赋》是别具一格的一篇小赋，写他惆怅失志，"呼贫与语"，质问贫何以老是跟着他。这篇赋发泄了他在贫困生活中的牢骚，多用四字句，构思新颖，笔调诙谐，却蕴含着一股深沉不平之气。《酒箴》是一篇咏物赋，内容是说水瓶朴质有用，反而易招损害；酒壶昏昏沉沉，倒"常为国器"，主旨也是抒发内心不平。另外还仿效屈原楚辞，写有《反离骚》《广骚》和《畔牢愁》等作品。《反离骚》为凭吊屈原而作，对诗人遭遇充满同情，但又用老、庄思想指责屈原"弃由、聃之所珍兮，摭彭咸之所遗"，反映了作者明哲保身的思想，而未能正确地评价屈原。《广骚》《畔牢愁》今仅存篇目。

## （二）散文

在散文方面，扬雄称得上是位模仿大师。如他模仿《易经》作《太玄》，模仿《论语》作《法言》等。后来扬雄主张一切言论应以"五经"为准，以为"辞赋非贤人君子诗赋之正"，转而研究玄学。如在《法言》中，他主张文学应当宗经、征圣，以儒家著作为典范，这对刘勰的《文心雕龙》颇有影响。

《隋书·经籍志》有《扬雄集》5卷，已散佚。明代张溥辑有《扬侍郎集》，收入《汉魏六朝百三家集》。今人张震泽校注有《扬雄集校注》。

在其所著的《太玄》中，扬雄提出以"玄"作为宇宙根源的学说，强调如实地认识自然现象的必要，并认为"有生者必有死，有死者必有终"，驳斥了神仙方术的迷信。在社会伦理方面，他批判了老庄"绝仁弃义"的观点，重视儒家学说，认为"人之性也，善恶混。修其善则为善人，修其恶则为恶人"（《法言·修事》）。

## （三）儒学

扬雄批判神学，为的是能够恢复孔子的正统儒学。在扬雄看来，孔丘是最大的圣人，孔丘的经典是最主要的经典。他说："舍舟航而济乎渎者，末矣。舍五经而济乎道者，末矣。"又说："山之蹊，不可胜由矣；向墙之户，不可胜入矣。曰：'恶由入。'曰：'孔氏。孔氏者，户也。'"因此，"好书而不要诸仲尼，书肆也；好说而不要诸仲尼，说铃也。""仲尼之道，犹四渎也，经营中国，终入大海；他人之道者，西北之流也，纲纪夷貊，或入于沱，或沦于汉。"但是，扬雄认为自孔子死后，孔子圣道的发展与传播却由于"塞路者"的干扰而受到了阻碍。

"古者有杨、墨塞路,当时孟子辞而辟之,廓如也。后之塞路者有矣,窃自比孟子。"这里所说的"后之塞路者"就是指汉代的欲仇(售)伪而假真、羊质而虎皮、学也为利的虚伪、烦琐荒诞的官方正统经学。因此,扬雄要像孟子那样扫除塞路者,为孔子儒学能在汉代健康发展开辟道路。

## 四、历史评价

桓谭:文义至深,论不诡于圣人。

班固:雄之自序云尔。初,雄年四十余,自蜀来至游京师。大司马车骑将军王音奇其文雅,召以为门下史,荐雄待诏。岁余,奏《羽猎赋》,除为郎,给事黄门,与王莽、刘歆并。哀帝之初,又与董贤同官。当成、哀、平间,莽、贤皆为三公,权倾人主,所荐莫不拔擢,而雄三世不徙官。及莽篡位,谈说之士用符命称功德获封爵者甚众,雄复不侯,以耆老久次转为大夫。恬于势利乃如是。实好古而乐道。其意欲求文章成名于后世,以为:经莫大于《易》,故作《太玄》;传莫大于《论语》,作《法言》;史篇莫善于《仓颉》,作《训纂》;箴莫善于《虞箴》,作《州箴》;赋莫深于《离骚》,反而广之;辞莫丽于相如,作四赋。皆斟酌其本,相与放依而驰骋云。用心于内,不求于外,于时人皆少之;唯刘歆及范逡敬焉,而桓谭以为绝伦。

姚铉:如刘向、司马迁、扬子云,东京二班、崔、蔡之徒,皆命世之才,垂后代之法,张大德业,浩然无际。

萧纲:但以当世之作,历方古之才人,远则扬、马、曹、王,近则潘、陆、颜、谢,而观其遣辞用心,了不相似。

曾巩:周衰,先王之迹熄。至汉,六艺出于秦火之余,士学于百家之后,言道德者,矜高远而遗世用;语政理者,务卑近而非师古。刑名兵家之术,则狃于暴诈,惟知经者为善矣,又争为章句训诂之学,以其私见妄臆,穿凿为说,故先王之道不明,而学者靡然溺于所习。当是时,能明先王之道者,扬雄氏而已。

程颐:荀卿才高,其过多;扬雄才短,其过少。韩子称其大醇,非也。若二子,可谓大驳矣。

范涞:唯扬子云深沉圣学,体撰契神。其诸赋尚且勿论,论其大者为《法言》,又为《太玄经》三摹九据,悉根于性命天道,泄羲、文、周、孔所未泄,即中原、稷下群儒瞠乎其后,猥云雕虫能之乎?说者犹疵其拟《易》,殆浅之乎?口耳窥也!

刘师培:荀孟不复作,六经秦火余。笃生扬子云,卜居近成都。文学穷坟典,头白仍著书。循善诱美人，门停问字车。反骚吊屈原，作赋比相如。训纂辨蝌蚪，方言释虫鱼。虽非明圣道，亦复推通儒。紫阳作纲目，笔伐更口诛。惟剧秦美新，遂加莽大夫。吾读华阳志，雄卒居摄初，身未事王莽，兹文得无诬！雄本志澹泊，何至工献谀？班固传信史，微词雄则无。大醇而小疵，韩子语岂诬？宋儒作苛论，此意无乃拘。吾读扬子书，思访扬子居。斯人近则亡，吊古空踟蹰。

## 五、后世遗址

### （一）子云亭

历史上的子云亭在四川有三处，一处是成都扬雄故居的"子云亭"，此亭早已不存，遗址亦众说纷纭。一处是修建在郫都区城郊扬雄故乡友爱镇的子云亭（此亭为真正的子云亭），清代乾隆年间迁建于扬雄墓侧，亭已不存在，只剩下土台一座。至今犹存的是绵阳西山景区的子云亭（此亭是绵阳市政府于1987年修建的，见图1-4）。这个景区内有一大一小、一新一旧两座子云亭，由此可见绵阳人民崇文尚艺、礼拜先贤的市风和醇厚民情。

图1-4　子云亭

子云旧亭位于扬子云读书台上，读书台位于凤凰山左翅膀端之山畔，为一上面平坦的坚硬盘石。岩石前端有摩岩浮雕"扬子云真像"和扬雄传略，据民国版《绵阳县志》记载为宋代镌刻。岩石右侧摩岩浮雕大龛90多尊，均为唐懿宗威通十二年（871年）镌刻的道教石刻。子云旧亭就修建于盘石之上，不知最早建于何年。《绵阳县志》

记载民国6年（1917年）重修的子云亭是木结构的长方形亭台，在"文化大革命"初期被毁。到20世纪70年代，绵阳县城建局在原址上又重建了一座砖混结构的六角亭，至今犹存。

1987年，绵阳市人民政府在凤凰山凤头上新建子云亭，占地10余亩，建筑面积1400多平方米，高23米，共三层，集楼、台、亭、阁于一体，外形典雅，雄伟壮观。在子云亭景区庭园入口处镌刻着由成都著名书法家方滨生书写的刘禹锡《陋室铭》，以彰显西蜀子云亭悠久的历史和深远的文化影响。庭园中是扬雄巨型花岗石雕像，尽显一代辞赋大家的风采。子云亭下的陈列室中，陈列着扬雄的《太玄》《法言》等哲学、汉赋作品。子云亭的楹柱上楹联中，有一副由高显齐先生撰联、白允叔先生书写的长联，最能体现扬雄的华章与绵州新貌，与子云亭胜景相得益彰。

## （二）墓葬

扬雄墓（见图1-5）位于成都市郫都区友爱镇子云村南1千米处，又名子云坟。墓为汉代砖室墓，呈圆形，封土堆高出地面约6米，墓周长81米。该墓葬早期曾被扰乱破坏，后历代多次维修。据清同治本《郫县志》载："扬雄墓，在县西二十里。""清道光中，邑令黄初，为植柏树，杨得志（后任署理知县）立石表墓。"墓南侧有小河一条，据载，咸丰末，河水冲坍墓足，乡人周子升伐石培护，并将河道改向，扬雄墓始得完整。墓地原存古柏，墓周围原有石栏、石凳、石碑等。石栏上镌联"文高西汉唯玄草，学继东山是法言"。"文化大革命"时古柏、石栏、石凳、石碑、石柱均被毁，现已不存。

图1-5 扬雄墓

墓现为圆形，高数米，直径10米，封土若小丘。墓地开阔，东西有农舍竹林环抱，1985年被列为成都市重点文物保护单位，现已列为四川省重点文物保护单位。

## 六、学科融合探究

从"西道孔子"的哲学光芒，到千年封土的历史沉淀，扬雄墓承载着西汉文脉的厚重内涵。这座古迹不仅仅是文学的丰碑，更是多学科交织的文化载体。请学生以扬雄墓为原点开展跨学科探究：在历史脉络中追溯扬雄"草玄堂"著书的传奇，查阅《郫县志》，总结其"辞赋宗匠"的文学地位的由来；结合地理知识，模拟清代郫县水系变迁，推演河水冲毁墓足的自然逻辑与古人"改道护墓"的工程智慧；化身考古学者，丈量圆形封土的规制，对比汉代砖室结构与同时期墓葬的异同，解码葬俗背后的文明演进；品读"文高西汉唯玄草"的楹联深意，结合《太玄经》《法言》解析扬雄融合儒道的思想体系；以科学视角审视清代县令栽植的柏树林，探究古树养护与生态平衡的当代启示；最后化身数字修复师，用3D建模技术重现残缺石碑的纹样，让石栏楹联在虚拟空间中焕发新生。通过这场跨越时空的探究，学生将为扬雄墓绘制一份"古今对话"的文化档案，设计出融合历史、生态与科技元素的沉浸式游览路线，让千年文脉在多元视角中"复活"。

# 第三节　李　白

## 一、初中语文中的李白及作品

冰心这样评价李白："他是中国文学史上少有的天才诗人，他的心灵犹如一汪滔滔汩汩流淌不尽的诗的源泉。无论是山川风物，还是人事交往；无论是所见所闻，还是所思所想，在他的笔底统统可以谱成震撼人心的乐章。而且，永远是那样雄浑而清新，具有高山大河般的力量、初日芙蓉般纯粹的美感。"

中学教材里，有关李白的诗文，初中各个版本的教材共有6首，分别是《闻王昌龄左迁龙标遥有此寄》《峨眉山月歌》《春夜洛城闻笛》《渡荆门送别》《送友人》《行路难（其一）》。人教版高中教材有5首，分别是《蜀道难》《越中览古》《梦游天姥吟留别》《将进酒》《春夜宴从弟桃花园序》；统编版高中教材只选了3首，分别为

《梦游天姥吟留别》《将进酒》《蜀道难》。

其中，部编版七年级上册和八年级上册语文教材中分别收录了李白的《峨眉山月歌》和《渡荆门送别》两首古诗，这两首诗都为李白离开蜀地之际所作。

《峨眉山月歌》是青年李白初次出蜀，表达依恋家乡山水之情的一首诗。诗人乘船从水路出发，在船上望见峨眉山尖悬挂半轮秋月，山月的影子映在平羌江水之中，随江流摇曳前行。夜里船从清溪驿出发，向三峡驶去，当船转入渝州后，月亮被高山遮住，逐渐从视野中消失。这首诗连用五个地名，以山月和江水为线索展现了一幅千里蜀江行旅图。晚年李白又写了一首《峨眉山月歌送蜀僧晏入中京》，此诗作于759年（李白死前三年），地点在江夏（今湖北武汉）。当时有一位四川和尚（蜀僧晏）要去长安，李白写了这首诗为他送行。诗的开头写道："我在巴东三峡时，西看明月忆峨眉。月出峨眉照沧海，与人万里长相随。"从中可见李白对峨眉山月的深厚感情——这不仅仅是对故乡风物的喜爱，更是对故乡的深切眷念。

《渡荆门送别》是李白青年时期出蜀至荆门时所作。此时李白才二十四岁，是第一次离开家乡。到达荆门山下时，蜀中家乡的山川已不复在望，所以不论是在地理上，还是在心理上，都觉得离家乡已经十分遥远了，故诗的头两个字是"渡远"。他感到来到了一个与家乡完全不同的陌生环境，在从蜀入楚的行程中，他将荆门山当作家乡的最后一个标志，越过这座山，就走出了家乡，所以叫"荆门外"。此次"辞亲远游"，如今已经远离故土了，心中难免依依不舍，而这种对家乡的留恋之情一时又无处宣泄，最终在江水中寻得寄托。他不说自己对家乡的思念，却说从家乡来的江水一路上对自己殷勤呵护，万里护送，这种看似反常却饱含深情的写法，使全诗结尾显得分外凝重含蓄。王夫之在《唐诗评选》中评价此诗结句"得象外于环中，飘然思不穷"，可谓切中肯綮。

## 二、文人李白

李白曾说自己"兴酣落笔摇五岳，诗成笑傲凌沧洲"。杜甫亦赞其："笔落惊风雨，诗成泣鬼神。"李白的诗歌，具有强烈的浪漫气息，他创造性地运用了一切浪漫的艺术手法，使诗歌具有无比神奇独特的艺术魅力。学习李白的诗歌，要了解李白浪漫的笔法，感受李白浪漫的情怀。纵观李白一生的行踪足迹和文学创作活动，他接受了多种不同地域文化的熏陶，但对其影响最大、最深的仍是巴蜀文化。巴蜀文化铸就了李白的性格气质、思想情操以及诗歌创作的艺术风格。

李白第一次踏上巴地，是在开元八年（720年）的冬天。李邕在唐玄宗开元七年

（719年）至九年（721年）前后曾任渝州（今重庆市）刺史，是一位名闻海内的大名士，史载"素负美名……人间素有声称，后进不识，京洛阡陌聚观，以为古人。或传眉目有异，衣冠望风，寻访门巷"。只是其为人自负好名，对年轻后进态度颇为矜持，李白不拘俗礼，交谈间放言高论、纵谈王霸，李邕因而对李白感到不悦。李白在临别时写下《上李邕》一诗，以示回敬。

> 大鹏一日同风起，扶摇直上九万里。
> 假令风歇时下来，犹能簸却沧溟水。
> 世人见我恒殊调，闻余大言皆冷笑。
> 宣父犹能畏后生，丈夫未可轻年少。

在此诗中，李白以"扶摇直上九万里"的大鹏自比，即使不借助风的力量，以它的翅膀一扇，也能将沧溟之水一簸而干。前四句诗极力夸张大鹏的神力，寥寥数笔就勾勒出一个力簸沧海的大鹏形象——这一形象也指代李白自己。后四句则是对李邕直言不讳的批评。李白的宏大抱负常常不被世人所理解，被当作"大言"来耻笑。尽管如此，李白仍然没有料到，李邕这样的名人竟与凡夫俗子一般见识，于是，他抬出圣人识拔后生的故事反唇相讥。

在李邕处遭受冷落之后，李白于次年开春便离开了渝州，在游峨眉山时，南平（今属重庆市南川区）县尉宇文氏以书简相赠，李白以诗答谢：

### 酬宇文少府见赠桃竹书筒

> 桃竹书筒绮绣文，良工巧妙称绝群。
> 灵心圆映三江月，彩质叠成五色云。
> 中藏宝诀峨眉去，千里提携长忆君。

此诗叙述友人所赠之书筒选料奇特，纹理精美，又经良工巧匠精心雕凿，成为一件珍奇工艺品。"中藏宝诀峨眉去，千里提携长忆君"，诗人将宝诀藏于其中，携往峨眉山，视为友谊长存的象征。

得益于宇文少府的礼赠，太白第一次渝州之行有了一个好的结局。李白在开元十二年（724年）再次游历渝州，并写下了脍炙人口的《峨眉山月歌》。

开元十三年（725年），李白离开生活了二十多年的故土，"仗剑去国，辞亲远游"，踏上了游历山川、寻求仕途的道路。太白这一去，即成了与故乡的永别。然而尽管他再没能踏上蜀地，蜀地对他的影响却深深地烙在他的观念里，显露在他的诗歌中。其诗歌灵动清秀，超脱飘逸，包罗万象，天马行空，浪漫雄放，风格独树一帜。

如《蜀道难》：

> 噫吁嚱，危乎高哉！蜀道之难，难于上青天！
> 蚕丛及鱼凫，开国何茫然！
> 尔来四万八千岁，不与秦塞通人烟。
> 西当太白有鸟道，可以横绝峨眉巅。
> 地崩山摧壮士死，然后天梯石栈相钩连。
> 上有六龙回日之高标，下有冲波逆折之回川。
> 黄鹤之飞尚不得过，猿猱欲度愁攀援。
> 青泥何盘盘，百步九折萦岩峦。
> 扪参历井仰胁息，以手抚膺坐长叹。
> 问君西游何时还？畏途巉岩不可攀。
> 但见悲鸟号古木，雄飞雌从绕林间。
> 又闻子规啼夜月，愁空山。
> 蜀道之难，难于上青天，使人听此凋朱颜！
> 连峰去天不盈尺，枯松倒挂倚绝壁。
> 飞湍瀑流争喧豗，砯崖转石万壑雷。
> 其险也如此，嗟尔远道之人胡为乎来哉！
> 剑阁峥嵘而崔嵬，一夫当关，万夫莫开。
> 所守或匪亲，化为狼与豺。
> 朝避猛虎，夕避长蛇，磨牙吮血，杀人如麻。
> 锦城虽云乐，不如早还家。
> 蜀道之难，难于上青天，侧身西望长咨嗟！

这首诗是袭用乐府旧题，意在送友人入蜀。诗人以浪漫主义的手法，展开丰富的想象，艺术地再现了蜀道奇丽惊险又不可凌越的磅礴气势，借以歌咏蜀地山川的壮秀，显示出祖国山河的雄伟壮丽。

乾元元年（758年），李白自浔阳出发，开始长流夜郎。次年，朝廷因关中遭遇大旱而宣布大赦，规定死刑改为流放，流放以下完全赦免。李白经过长期的辗转流离，终于获得了自由，旋即北溯茶江至江津换船到渝州，而后顺江而下东至江陵。白帝至江陵一段长江水流湍急、舟行若飞，李白遇赦后更是心情舒畅，喜不自禁，于是写下了著名的《早发白帝城》：

>　　朝辞白帝彩云间，千里江陵一日还。
>　　两岸猿声啼不住，轻舟已过万重山。

全诗把遇赦后愉快的心情和江山的壮丽多姿、顺水行舟的流畅轻快融为一体，流丽飘逸，又不假雕琢，随心所欲，自然天成。李白的一生，有过辉煌的经历，却不免失意的结局。然而尽管仕途充满坎坷，其诗途却是古往今来从未有之。千载之后，那些一时显赫的权贵已鲜被提及，太白"诗仙"之雅号却老少皆知。

### 三、学科融合探究

蜀中时期是李白人生中的第一大阶段。李白生于蜀，长于蜀，青少年时期几乎都在蜀中度过。结合李白的作品，请学生探究巴蜀文化渊源与特色对李白诗歌艺术风格的影响。

# 第四节　杜　甫

## 一、初中语文中的杜甫及作品

莫砺锋在《中华传统文化中的诗意生存》里这样写道："杜甫是中国诗歌史上最典型的儒士。他服膺儒家仁政爱民的思想，以关爱天下苍生为己任。杜甫生逢大唐帝国由盛转衰的历史关头，经历了安史之乱前后的动荡时代，时代的疾风骤雨在他心中引起了情感的巨大波澜，他用诗笔描绘了兵荒马乱的时代画卷，也倾诉了自己忧国忧民的沉郁情怀。杜甫因超凡入圣的人格境界和登峰造极的诗歌成就而被誉为中国诗歌史上惟一的'诗圣'。"[①]

北宋秦观引用孟子的话说"孔子，圣之时者也。孔子之谓集大成"，然后说："杜氏、韩氏，亦集诗文之大成者欤！"南宋理学宗师朱熹将杜甫与诸葛亮、颜真卿、韩愈、范仲淹一起誉为"五君子"，"此五君子，其所遭不同，所立亦异，然求其心，则皆所谓光明正大，疏畅洞达，磊磊落落而不可掩者也"。宋人以诗歌造诣的维度与人格

---

① 莫砺锋：《中华传统文化中的诗意生存》，出自《诗意人生》，江苏人民出版社2020年版。

意义的维度推崇杜甫，对我们当下理解杜甫诗歌依然有着深远的意义。

纵观中学统编教材，选取的杜甫诗几乎横跨杜甫的一生。有壮游齐赵时写的《望岳》，有困居长安时写下的《春望》，有潼关离乱时写的《石壕吏》《月夜忆舍弟》，有居于成都草堂时写的《蜀相》《茅屋为秋风所破歌》《客至》，有成都至渝州途中写的《旅夜抒怀》，有夔州孤城时写的《咏怀古迹（其三）》《秋兴八首（其一）》《阁夜》《登高》，有赴京途中写下的《登岳阳楼》和《江南逢李龟年》。

七年级下和八年级上部编版语文教材中有《望岳》《茅屋为秋风所破歌》等杜甫的代表作。

《望岳》不是杜甫的第一首诗，却是现存杜甫诗里的第一首，也是他初登上大唐诗坛的标志。明人高棅在《唐诗品汇总叙》中说："开元天宝间，则有李翰林之飘逸，杜工部之沈郁，孟襄阳之清雅，王右丞之精致，储光羲之真率，王昌龄之声俊，高适、岑参之悲壮，李颀、常建之超凡，此盛唐之盛者也。"那时候二十五六岁的杜甫对应试落第的挫折丝毫不以为意，因为他正生活在一个充满理想主义色彩的朝气蓬勃的时代里，对人生充满憧憬。杜甫诗集里面有三首《望岳》，分咏东岳（泰山）、南岳（衡山）、西岳（华山），分别写于杜甫24岁左右、47岁左右及52岁左右，展现了杜甫从青年到中年，最后到暮年的创作历程和心境变化。

此诗没有一个"望"字，但句句写向岳而望。距离是自远而近，时间是从朝至暮，并由望岳悬想将来的登岳。从"会当凌绝顶，一览众山小"这两句富有启发性和象征意义的诗句中，可以看到诗人杜甫不怕困难，敢于攀登绝顶，俯视一切的雄心和气概。

《茅屋为秋风所破歌》则写于乾元二年（759年）冬天，因陕西发生饥荒，安史之乱未平，杜甫弃官西行，去到没有经历安史之乱，和其他地方相比显得安谧祥和的成都。乾元三年（760年）的春天，杜甫求亲告友，在成都浣花溪边盖起了一座茅屋，总算有了一个栖身之所。不料到了八月，大风破屋，大雨又接踵而至。诗人长夜难眠，感慨万千，写下了这篇脍炙人口的诗篇。草堂生活的平静只是相对而言的，穷困是诗人始终挥之不去的阴影，愁饥愁寒仍是杜甫这一时期创作的重要主题。

这首诗可分为四节。第一节五句，"卷""飞""渡""洒""挂罥""飘转"，一个接一个的动词不仅组成一幅幅鲜明的图画，而且紧紧地牵动诗人的视线，拨动诗人的心弦。第二节五句，用"倚杖"照应"老无力"，刻画出诗人年老体衰的形象；"自叹息"中的"自"字，凸显其独自面对困境的孤独与无奈。诗人目睹茅屋被损却无力阻拦，只能倚杖长叹，这一细节既写出个人处境的凄凉，又为后文由个人苦难转向对天下寒士的悲悯埋下伏笔。第三节八句，写屋破又连遭夜雨的苦闷。"自经丧乱少睡眠，长夜沾湿何由彻"两句，一纵一收。一纵，从眼前的处境扩展到安史之乱以来的种种痛苦经历，从风雨飘摇中的茅屋扩展到战乱频仍、残破不堪的国家；一收，又回到"长夜沾湿"的现实。第四节中"广厦""千万间""大庇""天下""欢颜""安如山"等词，声音洪亮，铿锵有力，"呜呼！何时眼前突兀见此屋，吾庐独破受冻死亦足！"诗人的博大胸襟和崇高理想，至此表现得淋漓尽致。他不仅是为自身的不幸遭遇而叹息、失眠，而且忧心着处于苦难之中的"天下寒士"，他清醒地大声疾呼，希望有人站出来为千百万穷人谋福利。这是一种炽热的忧国忧民的情感和迫切要求变革黑暗现实的崇高理想。

学习杜甫的诗歌，中学生不仅要学习杜甫炼字的精妙，更要体会他忧国忧民的济世情怀。杜甫一生颠沛流离，唯有成都给他留下了轻松与惬意。诗人杜甫与成都的邂逅，为这片土地留下了一首首壮美的诗篇，这些诗篇如同一幅幅美丽的画卷，也如同一帧帧流光溢彩的画面，让千年之后的我们仍能从杜甫的诗歌中寻找到成都的印象和记忆。

## 二、文人杜甫

唐朝乾元二年（759年）冬天，几经辗转之后，杜甫带着家人抵达了成都。入蜀后，杜甫写过一首《成都府》，是他对蜀地景象的最初描绘，其中有几句这样写道："我行山川异，忽在天一方。但逢新人民，未卜见故乡……曾城填华屋，季冬树木苍。喧然名都会，吹箫间笙簧……"终于远离了中原的战乱，初到蜀地，只见成都华屋叠城，笙箫不绝，一派生机盎然的景象，但他又想到，离故乡是越来越远了，最后只能安慰自己说："自古有羁旅，我何苦哀伤。"

初到成都，杜甫一家暂住在西郊外的浣花溪寺里。这时，杜甫的朋友高适和严武都在蜀地为官，靠着他们的照顾，杜甫在成都安顿了下来。高适送来了米面，邻居们也送来了蔬菜，"故人供禄米，邻舍与园蔬"（《酬高使君相赠》）。

在成都的日子，虽然生活算是安定，但寄人篱下，全靠朋友接济的景况并不能叫人全然无忧。杜甫一生忧国忧民，即使在相对安定的时期，也常常为国家的命运和百姓的疾苦而忧虑。再加上刚到成都，他就去武侯祠拜谒，祠堂里的森森翠柏和布满了青苔的石阶，都让他想到了诸葛亮开创蜀国的功业以及出师未捷的悲愤。感慨之下，他写下了著名的《蜀相》：

> 丞相祠堂何处寻，锦官城外柏森森。
> 映阶碧草自春色，隔叶黄鹂空好音。
> 三顾频烦天下计，两朝开济老臣心。
> 出师未捷身先死，长使英雄泪满襟。

第二年春天，杜甫在浣花溪畔修建了一处住所。当然，盖房子的钱都是朋友们募集而来的。他的表弟王司马出力最多，而且第一个送来了建房款，"忧我营茅栋，携钱过野桥。他乡唯表弟，还往莫辞遥"（《王十五司马弟出郭相访，兼遗营草堂资》）。

春末，房屋终于修成了，这就是人们熟知的"杜甫草堂"。这里的环境非常幽雅，一边是美丽的浣花溪，一边有苍翠的林木，仿佛是世外桃源一般。在草堂，杜甫终于和家人度过了一段难得的快乐时光。

新居入住后，杜甫带领家人开辟了菜园和药圃。每天天刚亮，杜甫就亲自去浇水除草，闲暇时也会去园子里欣赏自己的劳动成果。杜甫享受着田园生活的安逸闲适，家人们被贫困所折磨的身体也逐渐恢复，充满了健康活泼的朝气。

远离了战乱和忧愁，诗人的心情开朗了不少，这首《江村》是他此时生活的最好写照：

> 清江一曲抱村流，长夏江村事事幽。
> 自去自来堂上燕，相亲相近水中鸥。
> 老妻画纸为棋局，稚子敲针作钓钩。
> 但有故人供禄米，微躯此外更何求？

这首诗的字里行间，流露出了难得的欣慰和悠闲。

偶尔有客人来到，又是这样一幅情景：

> 舍南舍北皆春水，但见群鸥日日来。
> 花径不曾缘客扫，蓬门今始为君开。
> 盘飧市远无兼味，樽酒家贫只旧醅。
> 肯与邻翁相对饮，隔篱呼取尽余杯。

杜甫常常在早晨骑马四处游逛，直到晚上才返回草堂。周围的山水都留下了他的身影和诗作：

> 肠断春江欲尽头，杖藜徐步立芳洲。
> 颠狂柳絮随风去，轻薄桃花逐水流。（《绝句漫兴》之五）
> 糁径杨花铺白毡，点溪荷叶叠青钱。
> 笋根雉子无人见，沙上凫雏傍母眠。（《绝句漫兴》之七）
> 黄师塔前江水东，春光懒困倚微风。
> 桃花一簇开无主，可爱深红爱浅红？（《江畔独步寻花》之五）
> 黄四娘家花满蹊，千朵万朵压枝低。
> 留连戏蝶时时舞，自在娇莺恰恰啼。（《江畔独步寻花》之六）

桃花流水，蝴蝶黄莺，成都城外的优美景色让诗人深深地沉醉了。但杜甫的家国情怀并不会因此而消减，国家的战乱，朝廷的兴衰，百姓的苦难，还是时刻牵挂在他的心中。

五十岁的杜甫身体并不是很好，"入门依旧四壁空，老妻睹我颜色同"（《百忧集行》）可以说是他此时心情的另外一种写照。上元二年（761年）八月，大风破屋，吹走了杜甫草堂屋顶的茅草，紧接着又是倾盆大雨。杜甫彻夜难眠，从自身的遭遇联想到了战乱以来万方多难的情景，感慨万千，写下了《茅屋为秋风所破歌》。

宝应元年（762年），杜甫的好朋友严武奉诏回朝，离开了成都。严武的部下为了争权夺利，互相攻战，一向平静的蜀地也陷入了战火之中。杜甫无奈，安置了妻儿之后，来到梓州想要筹措经费，然后再带家人离开蜀地。但多方奔走后，并不能如愿，他只好设法把家人接到梓州团聚。在梓州的日子更加清苦，但也不是全无快乐。在梓州呆了一年多，杜甫本决定沿嘉陵江东下，但听到严武担任成都尹再次镇守蜀地的消息后，高兴地改变了主意，带着妻儿回到了成都草堂。

广德二年（764年）六月，严武推荐杜甫为节度使署参谋、检校工部员外郎，所以后人称杜甫为杜工部。杜甫进入严武的幕府，却引起了同僚的嫉妒，认为他是靠着攀附严武才得到了这个官职。于是没过多久，杜甫愤而辞去了官职。

永泰元年（765年）四月，正值壮年的严武突然一病不起，死在了任所。好友的逝去不仅让杜甫悲痛不已，更让他失去了依靠，他不得不带着家人离开了成都。

总之，杜甫在成都的时光是他一生中难得的轻松与惬意的时光。美好的自然环境又给诗人开辟了新的艺术天地。成都以它平和宁静的美抚慰着诗人飘零寓居的身心，成都的风物人情和民俗民风又给诗人的创作注入了新鲜血液。

正是因为成都这座城市安适、包容的性格，也让诗人杜甫有了更多的灵感与精力去谱写诗篇。杜甫在成都创作的诗篇，不管从内容上还是体裁上，都变得更加丰满。

可以说，如果杜甫没来成都，如果没有成都平原温润的气候、秀丽的风光，特别是淳朴厚重的风俗人情的滋养，今天我们就读不到那样充满人文情怀和人生情趣的杜甫的诗歌了。换句话说，恰好是因为杜甫与成都的邂逅，才让杜甫成就了成都，也让成都成就了杜甫。

## 三、学科融合探究

从年少的优游，到困守长安，再到蜀中漂泊，杜甫丰富的人生经历使其成为一个忧国忧民的令人敬佩的"大丈夫"。成都的经历更赋予了杜甫几分生活的烟火气，请学生结合杜甫的诗歌,探究杜甫诗歌中成都人的生活特点,为成都绘制打卡地图并制作城市名片。

# 第五节 苏 轼

## 一、语文课程中的苏轼及其事迹

语文人教版教材中摘录了苏轼的多篇诗文,包括《赠刘景文》《饮湖上初晴后雨》《惠崇春江晚景》《题西林壁》《六月二十七日望湖楼醉书》《书戴嵩画牛》和《浣溪沙》等作品。

苏轼（1037—1101年）是北宋的一位著名文学家、政治家、书法家、画家,是宋代文化史上的巨匠。他的一生充满了曲折和坎坷,但他豁达乐观的人生态度、卓越的文化成就和深远的社会影响,让他成为中国传统文化中重要的精神财富。

苏轼的生平经历十分丰富,他曾担任过多个官职,包括翰林学士、侍读学士、礼部尚书等,也曾经遭遇过贬谪和流放。他在政治上主张改革,强调"法度",与王安石发生过激烈的争论。他的文学艺术成就极高,在诗、词、散文、书法、绘画等方面都有涉猎,且造诣颇深。

苏轼被誉为"唐宋八大家"之一,他的诗歌风格豪放、洒脱,表现了他对人生的独特见解和深刻反思。他被誉为"豪放派"的代表人物,词作是中国文学史上的经典之作,苏轼的散文也在中国文学史上占据一席之地,他的文章气势磅礴、思路清晰,表现了他豁达的人生态度和深刻的人生哲理。

苏轼的贡献不仅仅在文学和艺术方面,他还是一位杰出的政治家和社会活动家。他关心民间疾苦,强调君民平等和政治清明。他的政治见解和实际行动也得到了后人的高度评价。

## 二、苏轼的精神与巴蜀文脉传承

苏轼一生三次被贬,他自己也曾写下《自题金山画像》这首诗:"心似已灰之木,身如不系之舟。问汝平生功业,黄州惠州儋州。"诗的前两句写他心如死灰,身如孤舟,回忆平生的遭际,宦海沉浮,世事难料,诸事不免看淡。从政四十年,他的大半生不是被贬就是在被贬的路上。后面两句由"问汝平生功业"发问，却一次不提考中进士春风得意，而说"黄州惠州儋州"——这全是他接连被贬谪的地方。

不禁有人会问，那他一定是个怀才不遇、壮志难酬的失意之人吧？不，当然不是。总的来说，苏轼的一生是豁达的一生。他在面对生活中的困难和挫折时，始终保持着乐观和豁达的态度，并以一种超然的态度面对人生。他的作品充满了豪放和洒脱的风格，表现了他对人生的独特见解和深刻反思。他的豁达态度和对人生的独特见解，不仅影响了当时的人们，也成为了后世无数人追求的人生哲学。

## （一）豁达

苏轼沦为农夫，似乎太过屈才，可他开荒种田，养猪种菜，研究美食，实践烹饪，忙得不亦乐乎，这才发明了东坡肉、东坡肘子、东坡豆腐等美食。甚至被贬到琼崖海岛之后，岛上无医无药，他却开玩笑告诉朋友说"每念京师无数人丧生于医师之手，予颇自庆幸"。说有日，他背着一个大瓢，穿着木屐，披着蓑衣，在田野里一边走一边唱歌。岛上一个老太太遇到他，对他说："您当年荣华富贵，现在跟我们一样过农民生活，是不是像一场春梦啊！"于是苏东坡就给这位老太太取名为"春梦婆"，写下"投梭每困东邻女，换扇惟逢春梦婆"之句。此后"春梦婆"也成为典故流传下来。

## （二）仁爱

苏轼在密州梦到了过世十年的妻子王弗，便写下了《江城子》——"十年生死两茫茫，不思量，自难忘"。他和弟弟苏辙更是手足情深，两人在宦海中互相扶持。同年中秋佳节，因与弟弟七年未见，为表思念，便写下了千古名篇《水调歌头》："人有悲欢离合，月有阴晴圆缺，此事古难全。但愿人长久，千里共婵娟。"在侍妾朝云因瘟疫早逝后，他在《朝云墓志铭》和《悼朝云》等诗中，均表达了深切情爱与伤痛。不仅对家人，对朋友，甚至对不相识的村夫野老，他都怀有一颗仁爱之心。在杭州，他疏浚西湖、修筑苏堤，并写下"欲把西湖比西子，淡妆浓抹总相宜"的千古名句；在徐州，他率领军民奋战七十余日抢修防洪大堤，使徐州黎民免受洪灾之害；在惠州，他用山间竹子，建设了供水系统，引泉入城，供百姓饮用。

## （三）真实

从政时，苏轼能洞悉时政弊端，真实陈言，不为权势所迫，也不为威逼所吓，而始终坚持着心中真理，直言进谏。这种真实，即使已经多次被当权者视为洪水猛兽，将他一贬再贬，他仍真实表达自己，从不保留。屡遭贬谪至黄州后，他对生活看得太过透彻，于是在自家孩子满月时写下："人皆养子望聪明，我被聪明误一生。惟愿孩儿愚且鲁，无灾无难到公卿。"

### （四）德才兼备

在一次考试中，苏东坡的文章受到欧阳修的赏识，欧阳修传给同辈看，对此文章的内容与风格十分欣赏，以为必然是他的朋友曾巩写的，本想把这篇文章列为首卷，为避免他人口舌，终列为二卷，于是苏东坡在这次考试中仅得第二。可是他的才气仍旧难以掩盖，在二十岁时便成为进士，得此殊荣，扬名天下。后欧阳修赞叹道："读轼书，不觉汗出。快哉快哉！老夫当避路，放他出一头地也。"① 而出人头地这个成语也出自于此。黄庭坚称赞苏轼"挟以文章妙天下，忠义之气贯日月"。范祖禹在《宋史全文》中写道："苏轼文章为时所宗，名重海内，忠义许国，遇事敢言。如轼者，岂宜使之久去朝廷？"② 弟弟苏辙在苏轼的墓志铭上写道"其于人，见善称之如恐不及，见不善斥之如恐不尽，见义勇于敢为，而不顾其害。用此数困于世，然终不以为恨。"

所以，苏东坡到底是谁呢？"苏东坡是个秉性难改的乐天派，是悲天悯人的道德家，是黎民百姓的好朋友，是散文作家，是新派的画家，是伟大的书法家，是酿酒的实验者，是工程师，是假道学的反对派，是瑜伽术的修炼者，是佛教徒，是士大夫，是皇帝的秘书，是饮酒成癖者，是心肠慈悲的法官，是政治上的坚持己见者，是月下漫步者，是诗人，是生性诙谐爱开玩笑的人。可是这些也许还不足以勾绘出苏东坡的全貌。"③

## 三、学科融合探究

在学习了苏轼的生平与精神后，教师带领学生踏上一场趣味横生的文化探索之旅，通过三个充满创意的闯关任务，深入感受苏轼的豁达人生与文化魅力。首先，在"美食地图大发现"中，让学生结合苏轼的《猪肉颂》《惠州一绝》等诗文，绘制从黄州到儋州的"美食地图"，探寻苏轼在困境中发现的生活乐趣，并亲手制作诗中的美食，感受"舌尖上的豁达"。接着，在"诗词盲盒拆拆乐"环节，教师带领学生随机抽取苏轼的诗词盲盒，用短视频复刻诗词中的经典场景，如赤壁夜游，感受苏轼在困境中的豪迈与豁达，还可以加入现代元素，让古典诗词"活"起来。最后，在"文创设计工坊"，学

---

① 李逸安点校：《欧阳修全集》，中华书局2001年版。
② 李之亮，等点校：《宋史全文（点校本）》，中华书局2016年版。
③ 林语堂：《苏东坡传》，江苏人民出版社2014年版。

生可以把苏轼的诗词意象转化为现代文创产品，如国潮雨伞、解压手账等，并在"苏轼文创集市"中展示自己的创意作品。通过这场融合美食、诗词与文创的活动，学生不仅能跨越学科界限，而且能用创意与实践诠释苏轼的精神遗产，让传统文化在现代生活中焕发出新的光彩。

# 第二章 巴蜀名胜名景

巍巍天府，悠悠古国，巴蜀名胜美景数不胜数，既有绮丽多彩的自然景观，也有独具特色的人文建筑，既有大自然的鬼斧神工之作，又有巴蜀先民的智慧结晶。三星堆文化遗址，为我们解开了古蜀先民的神秘面纱，在这里我们穿越时空窥见了三千年前古蜀先民独特的文化面貌和璀璨的器物文明，感受到了古蜀先民的社会百态和人文之美。三星堆文化宏阔的古城、灿烂的青铜制品群、独特的文字等物质文明背后，蕴含着古蜀文明本质性、结构性的制度文明和精神文明特质。千年武侯祠，浓浓家国情。成都武侯祠是巴蜀名胜名景的标志性建筑之一。巴蜀人民纪念追思诸葛武侯，是对诸葛武侯"鞠躬尽瘁死而后已"的家国情怀和英雄豪情的回味。都江堰所引之水千年流淌，见证了古蜀先民无与伦比的智慧与创造力。李冰父子以精妙的布局和设计，构建起这座水利工程，历经岁月沧桑，它至今仍在滋养着天府之国，持续书写着人类与自然和谐共处的伟大篇章。

　　游览巴蜀名胜名景，体验巴蜀名胜名景的自然与人文之美，无疑是我们感受古老而神秘的巴蜀文化最直观的方式。让我们在欣赏巴蜀的名胜名景中感受自然与人文的交融，开启一段人与美的相会吧！

# 第一节 三星堆

## 一、初中语文中的三星堆

### （一）语文课程中的三星堆简介

部编版语文教材八年级上册第五单元，学生第一次在初中阶段接触到了说明文。该单元既有科学性事物说明文《中国石拱桥》，又有文艺性事物说明文《苏州园林》《人民英雄永垂不朽——瞻仰首都人民英雄纪念碑》《蝉》和《梦回繁华》。这些事物说明文主要通过巧妙地组织结构、综合地运用说明顺序、合理地使用说明方法、准确生动地使用字词等，突出说明对象的特征，字里行间闪烁着智慧的光芒，潜藏着情感的暗流。但了解介绍事物并不是只局限于说明文，以下通过了解三星堆来展现多样化的写作角度。

图2-1 手绘青铜立人像线图

### （二）三星堆的艺术赏析

古蜀人的艺术创造力[①]

王仁湘

广汉三星堆遗址和成都金沙遗址等重大考古发现，让我们了解到古蜀文明的特质所在。大量金、铜、玉、石、骨牙类文物遗存，承载着丰富的文化信息。考古发现大量形

---

① 陈星丹、肖先进：《三星堆·古蜀王国的神秘艺术》，四川人民出版社1998年版。

体高大、威严神圣、地域特色浓郁的精美青铜文物，再现了四川先民独特的生存意象与奇幻瑰丽的心灵世界，也体现出古蜀族非凡的艺术想象力与惊人的创造力。

古蜀人的艺术想象力并不仅仅存在于口口相传的神话中，更创作有大量真切的艺术品，让你看得见、触得着、听得见，直达你的心灵深处，与你产生共鸣。

出土自三星堆二号坑中的青铜立人像经过精心修复，整体形象基本完整，成为三星堆出土青铜造像体量最大的一件文物，十分引人注目。

青铜高台立人像光华熠熠、气势磅礴，以1∶1的比例仿真铸造，如此巨大的青铜立人像，在商周考古中闻所未闻。远观立人铜像体态修长，端正直立，双臂平抬，双手对握为环形，手握有物已失。近观立人铜像，着纹样华丽的冠服，裸露十趾，两足正立。足下是两层高台，装饰4个连接为一体的兽首，兽首作细目翘鼻独角状。这尊铜像巍巍立定在恰以容足的高台上，双手握物，极目远眺，好似在奉献，又好似在默祷，气度庄重肃穆，神情祥和虔诚。

青铜立人头著筒形高冠，刺簪束发，冠分上下两层。下层饰回纹一周，纹作两排平行。上层为大眼兽面之形，仅为一对带眉毛的大眼睛，耳鼻均无。兽面双目中的两睛略为圆形，处在冠面两侧位置，眼形球体很大，大到涨出眼眶之外。立人冠式为兽面冠，兽面的眉心有一圆形装饰，或以为是太阳象征。太阳是为天眼，兽面的双目与太阳图像同在，立人冠可称为"天目冠"。

立人像方面宽颐，鼻梁高隆；双唇紧闭，两耳外张；重眉舒展，清目极远。坚毅中显露出一种虔诚，和善中透射出一种肃穆，这是一种非常特别的表情。外角明显翘起的杏仁双目，让人感受到目光炯炯。

立人像冠服所饰纹样繁缛，衮衣绣裳的飘逸华美透过斑驳锈色畅达地放射出来。那些细腻的刻画，将立人本体的高贵表露无遗。立人像身躯挺拔，身穿紧袖内服、半臂式外套和裙式下裳。内衣无领窄缘，长袖短摆，袖长及腕，摆平及胯，向右开衫，腋下系扣。外套为半臂短袖，袖口宽缘，衣摆稍长于内衣，向右开襟。下裳实为裙装，开为前后两片，前高后低，前片平齐过膝，后片叉分及足。在立人像衣外还有一条大带，大带作编织之形，沿外衣缘口左斜跨肩，两端于背后肩胛处结扎。

立人衣裳繁纹满饰，纹样构图取图案化形式，对称工整，有大块单元，也有连续小图，应为锦绣织物。半臂外衣纹样最精，纹样分为两组，以前后中线为界。前后中线构图相同，用相间的一旋一圆的眼形图案组成垂直纹饰带，将外衣中的图案分为左右两组。左侧一组为排列成方阵的4条龙纹，龙纹两两相背，龙爪紧握为拳，龙翅高展，龙鬣飞扬，迅雷疾风，威之武之。右侧一组为竖向平行排列的两排兽面纹，构图简约，稍见眉目而已，春煦秋阳，温之霭之。

下裳前后摆纹样雷同，纹分两段，均为兽面图像。上段为大眼兽面，主体为圆形双目，两眼间有鼻形图案。下段前后各有4张倒置兽面，兽面一般也只是表现双目，但戴有三齿高冠。这样子是兽是人，尚不能判定。

华服之外，立人像身上可能还有过一些佩饰。在两耳下廓有佩戴饰物的透孔，在脑后存有插簪的斜孔，表明立人原本有简单的首饰。在手腕和足踝处，又分别见到环形装饰，可能表现的是手镯和足环。这尊青铜立人像会是谁的雕像？在小国寡民时代，王具有多重身份，既是号令平民众生的国君，又是统领大小巫师的群巫之长。立人像穿着礼服，手奉祭器，似乎正在主持一次隆重的祭典。立人像身穿衮衣，具有王者身份；又见它立于高台之上，手握神器，同时又具有巫者身份。

我以为三星堆祭祀坑埋藏的是古蜀时代智慧的结晶，那都是古蜀时代独特而精彩的文创作品，是记录一个地区一个时代思想的文化遗产。

这是一篇非常典型的事物说明文。作者先介绍"立人整体形象"，"青铜高台立人像光华熠熠、气势磅礴，以1∶1的比例仿真铸造，如此巨大的青铜立人像，在商周考古中闻所未闻"；然后介绍"立人冠（立人帽）"，"青铜立人头著筒形高冠，刺簪束发，冠分上下两层"；紧接着介绍"立人面部"，"立人像方面宽颐，鼻梁高隆；双唇紧闭，两耳外张；重眉舒展，清目极远"；然后介绍"立人衣裳及衣裳纹样"，"立人像冠服所饰纹样繁缛，衮衣绣裳的飘逸华美透过斑驳锈色畅达地放射出来""立人衣裳繁纹满饰，纹样构图取图案化形式，对称工整，有大块单元，也有连续小图，应为锦绣织物""下裳前后摆纹样雷同，纹分两段，均为兽面图像"；最后介绍"立人配饰"，"华服之外，立人像身上可能还有过一些佩饰"。全文按照由上到下、由整体到局部的顺序逐一展开，行文清晰，语言准确生动。

## （三）学科融合探究

1. 主题

解码三星堆：从文物到文学。

2. 任务

（1）文物中的"语言"：观察三星堆青铜面具、神树等文物，分析其造型、纹饰的象征意义，用文字描述其背后的神话或历史故事。

（2）创作"无字天书"：假设你是三星堆先民，设计一套符号或短诗，传递某种信息（如祭祀、自然崇拜），并说明创作意图。

（3）跨界对话：对比《山海经》中的神话形象与三星堆文物，讨论"文字"与"实物"如何互补呈现古蜀文明。

3. 目标

通过语文的想象与表达，破解三星堆的"无言"密码，感受中华文明的多元一体。

## 二、初中物理中的三星堆

### （一）物理课程中的三星堆简介

1. 教科版物理八年级上册第六章第四节密度知识应用交流会

教科版物理八年级上册第六章第四节密度知识应用交流会中提出如何用密度的知识鉴别铅球是否是铅做的，青铜器是否是纯铜制成的。（见图2-2）纯铜的硬度低，不适宜制作器物，但对于夏商时期，从矿石中冶炼铜比其他金属容易，且铜不太容易被氧化，是当时金属材料的最佳选择，因此在金属铜中加入其他金属形成合金以增强金属的硬度是最好的办法，要想鉴别青铜器中的合金成分，就需要用到八年级物质密度鉴别的物理知识。

**报告1　铅球是铅做的吗**

我们小组想用密度的知识鉴别铅球是不是铅做的。我们知道，不同的物质有不同的密度。所以只要求出了铅球的密度，就能得到结论。铅球的质量可以用台秤来测量，关键是测量铅球的体积。我们按下面的步骤来测量。

图 6-4-3

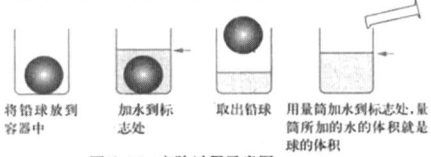
图 6-4-4　实验过程示意图

我们测得的铅球质量是3.995 kg，体积是0.510 dm³，计算出的密度是7.833 g/cm³。经过查表，我们澄清了一个事实，铅球的基本成分是铁！请同学们对我们的实验提出改进意见。

图2-2　教科版物理八年级上册第122页节选

2. 教科版物理八年级上册第五章物态变化第二节熔化与凝固

教科版物理八年级上册第五章物态变化第二节熔化与凝固中学习了晶体熔化的相关知识。（见图2-3）青铜器作为金属是典型的晶体，具有固定的熔点，熔化和凝固的过程中铜水的温度不会改变，因此在制作过程中范料的选择需要考虑其熔点高低的物理特性，还要选择合适的容器来熔化合金，想要完成熔化和凝固的过程，需要用到八年级物理热学相关知识。

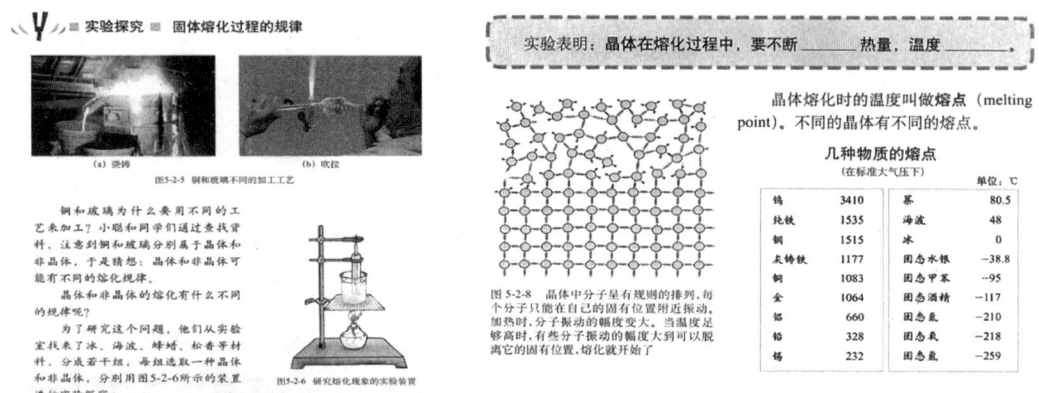

图2-3 教科版物理八年级上册第97页节选

### 3. 教科版物理九年级上册第一章第三节比热容

教科版物理九年级上册第一章第三节比热容需要实验探究不同物质的吸热能力。（见图2-4）古人在没有电力机械系统的基础上，用原始锅炉和木炭利用还原反应将铜矿石冶炼成金属铜。在没有温度计的情况下，在铜中加入锡和铅放入锅炉熔化成青铜水，将铜水倒入范模中，浇铸成青铜器。青铜熔化的时间与比热容的知识密切相关。

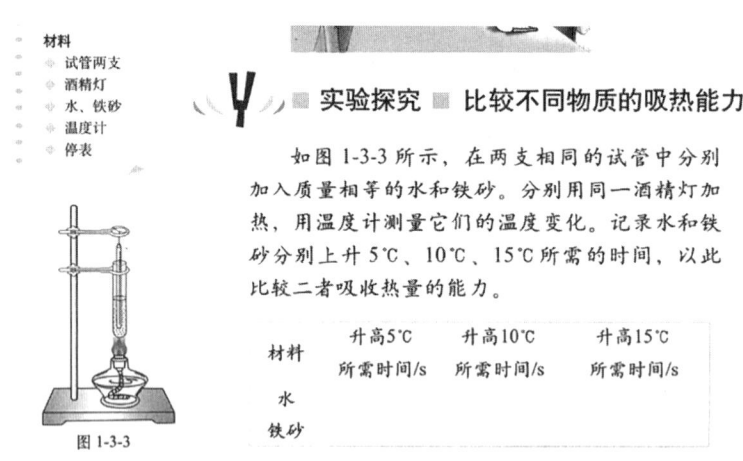

图2-4 教科版物理九年级上册第14页节选

## （二）三星堆里的物理知识

### 1. 物质的鉴别——密度

古蜀国的冶炼师经过多次试验发现用锡和铅两种金属来增加铜的硬度效果较好。青铜器作为一个时代重要出土文物的代表，对其物质成分的鉴别非常重要，除了用现代技术质谱仪分析，想要快速了解合金成分，用物理性质比较稳定的密度来鉴别是也是一种较好的办法。利用取样法，对不同青铜器的不同位置进行取样，分别鉴别其密度可以判断青铜器材料的组成成分和被氧化的情况。生活中也可以利用密度来鉴别其他金属物质。

图2-5　三星堆青铜面具

2. 不同物质的吸热能力——比热容

铜的熔点是1083.4℃，加入锡后熔点会变低，但对于人来说已是非常危险的高温，因此加热的过程中不能用反复开盖的方式观察熔化情况，如何估计铜的熔化时间至关重要。查阅初中物理热学知识可知加热时间等于铜吸收的热量除以铜比热容和质量的乘积，虽然商朝的古代科技无法总结出如此精确的计算公式，但古代劳动人民肯定通过反复试验观察记录得出了青铜器加热时间与质量的大致关系以便于熔化铜水，这也体现了我国古代劳动人民的智慧。在生活中加热油时需要寸步不离，而加热水时则不必一直守候，也是由于不同物质的吸热能力不同，需要的加热时间也是不同的。

图2-6　古人炼铜场景

3. 熔化与凝固——熔点

用块范法制范时需要选用熔点高于青铜器的熔点的泥料，才能将铜水倒进范料中定型。（见图2-7）用失蜡法对青铜器造型时，要选用熔点比范料熔点更低的蜂蜡，将蜂蜡熔化后倒入铜水冷却定型。（见图2-8）直到今天在工业生产中制作金属器物，也是利用熔化和凝固的规律。在生活中我们加热猪油炒菜、自制冰块做冷饮也都是利用了改变物体温度，使其达到熔点（凝固点）这个规律，可见熔化和凝固在生产生活中也有广泛的应用。

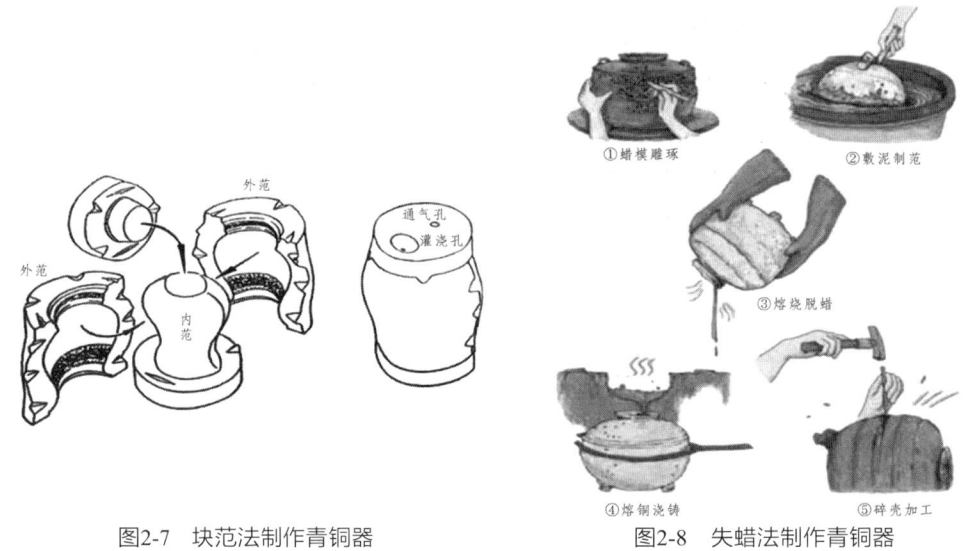

图2-7　块范法制作青铜器　　　　图2-8　失蜡法制作青铜器

### （三）学科融合探究

认识了三星堆以后，大家对物质的鉴别有了一定的了解，请学生用所学的密度知识鉴别一下家里的金属物质的材料，比如各种首饰、奖牌、五金器件等，写出鉴别原理和过程，结合化学合金知识判断为何有些物品由多种金属组成。

## 三、初中化学中的三星堆

### （一）化学课程中的三星堆简介

人教版化学教材九年级下册第八单元中有金属和金属材料一课（见图2-9）。

九年级下册教材第2页中介绍，人类从最初学会使用石器的"石器时代"，到铜石并用的"铜石时代"，再到后来人类学习冶金术，学习冶炼青铜和熔铸合金，从而向

"青铜时代"进化。也正是从那时起，人类能够以青铜为材料来制造器物。提到青铜器，不免会联想到四川省的三星堆遗址。

三星堆是古蜀国的文化遗址，不同于其他的国宝，三星堆出土的文物都非常浪漫奇特：有扶桑树之称的巨大青铜神树，造型各异的青铜头像、面具（见图2-10），薄如纸的金面具、金杖……三星堆文化完全配得上"沉睡三千年，一醒惊天下"这一评价。

而数千年前的古蜀人，是如何得到这些材料的？我们身边又有哪些金属材料？这些材料又有怎样的性质？这些问题都值得我们深思。

一、几种重要的金属

环顾你家里的日常生活用品，如锅、壶、刀、锄、水龙头等，它们都是由金属材料制成的。金属材料包括纯金属以及它们的合金。人类从石器时代进入青铜器时代，继而进入铁器时代，铜和铁作为金属材料一直被广泛地应用着。

图2-9　人教版化学教材九年级下册（2012年版）相关内容截图

图2-10　人教版化学教材九年级下册（2024年版）相关内容插图

## （二）三星堆里的化学知识

九年级下册教材第4页中提到"如果在金属中加热熔合某些金属或非金属，就可以制得具有金属特征的合金"。而青铜，则是以铜、锡、铅等金属按一定比例熔炼而成的合金。

青铜的熔铸主要有四大工序：采矿、冶炼、制范、熔铸。冶炼主要是在熔炉中进行。将孔雀石 $[Cu(OH)_2 \cdot CuCO_3]$ 和木炭（C）置于器皿内，用吹管向炉内吹入空气，炭燃烧反应生成一氧化碳（CO）的同时放出大量热量，$C+O_2 \xrightarrow{\text{点燃}} CO$，CO具有强还原性，从而在高温下还原孔雀石得到金属单质铜。这种熔炼温度更高的内熔法，显示出古老的熔炼工艺已经达到了相当高的境界。这是我国古代冶铸技艺的一个显著特点。

合金比例不同，也就使得所制铜器在色泽上会有一些差异，铜器则主要取决于其中锡的比例。含锡量高，色泽呈青灰色；含锡量低，色泽则呈红黄相间色，这也是为什么我们看到的铜器色泽有深有浅的缘故。

根据不同比例的铜、锡，能做出用于不同用途的青铜器件。成书于西周时代，距今约3000年前的巨著《考工记》中，对各种青铜器的制作，即铜、锡冶炼时所需用量的技术标准，都作了明确的规定。（见图2-11）

"六分其金而锡居一，谓之钟鼎之齐。五分其金而锡居一，谓之斧斤之齐。四分其金而锡居一，谓之戈戟之齐。三分其金而锡居一，谓之大刃之齐。五分其金而锡居二，谓之削杀矢之齐。金锡半，谓之鉴燧之齐。"

意思是钟鼎的铜锡比为6∶1，斧头的铜锡比为5∶1，长矛的铜锡比为4∶1，大刀的铜锡比为3∶1，箭头的铜锡比为5∶2，鉴燧的铜锡比为1∶1。

如图2-12所示，结合九年级下册教材第5页实验8-1及讨论，我们了解到，一般合金相比于组成它的纯金属来说，有硬度大、熔点低及抗腐蚀性好的特点。除此之外，青铜还具有可塑性好的特性，这一点对于原始社会的人来说是非常实用的。也正是由于以上特点，使得中国的青铜器格外精美。以商、周时期为代表，此后青铜器才随着战国时期铁器的逐渐普及而走向衰落，直至秦汉时代完全被取代。

图2-11　《考工记》青铜器制作选段

正如九下教材第4页内容所言，"在考虑物质的用途时，还需要考虑价格、资源、是否美观、使用是否便利以及废料是否易于回收和对环境的影响等多种因素"。古人在铸造青铜时，也充分考虑了以上各种因素。

图2-12　九年级下册教材第5页实验8-1及讨论

青铜其实最初并不是青色，它在制作刚完成的时候是金黄色的，后来才变成了我们今天看到的"青绿色"，是长时间氧化造成的，也因此被称为青铜。

这里所说的氧化反应，是青铜在氯化物、氧气和水的作用下，生成浅绿色的粉状锈蚀物，形成可重复进行的循环反应，最终导致器物穿孔、粉化，并可扩散的腐蚀现象，也就是人们常说的"青铜病"。

青铜病的根源是氯化物。在自然界的土壤、空气、水（海水、雨水、地下水）和人的汗液中均有分布，其中氯化钠（食盐NaCl）和氯化氢（HCl）是最常见的氯化物，分布很广。

铜在氯离子的作用下形成的循环腐蚀反应如下：

$Cu+HCl+O_2 \rightarrow H_2O+CuCl$（灰白色蜡状、活性很强）

$CuCl+H_2O \rightarrow Cu_2O$（红棕色）$+HCl$

$Cu_2O+H_2O+O_2+C_2O \rightarrow Cu_2(OH)_2CO_3$（蓝、绿色）

$Cu_2O+H_2O+O_2+HCl \rightarrow Cu_2(OH)_2Cl$（浅绿色粉末）

从三星堆到金属的学习，使初中生更能体会到金属资源的重要意义，从而自发地保护金属资源，做到在日常生活中就利用所学知识防止金属腐蚀，回收利用废旧金属等。

### （三）学科融合探究

三星堆是中国近代考古发现的最早的大型遗址之一。从20世纪30年代发现三星堆遗址，到1986年发掘出两座祭祀坑，三星堆以其悠久的历史、精美的文物、独特神秘的文化而为世人所瞩目。

请学生根据本单元所学的全部知识，结合查阅资料，制定一份简要的三星堆文物保护方案，并写明缘由。

# 第二节　武侯祠

## 一、初中语文中的武侯祠

### （一）语文课程中的武侯祠简介

部编版语文教材八年级上册第六单元的综合性学习中提到：我们身边有很多遗留下来的文化遗产，同学们可以以班级为单位，组织文化遗产推荐与评选活动。位于成都市武侯区的武侯祠，是中国首批重点文物保护单位，国家AAAA级景区，也是我国唯一以君臣合祀为主题的祠庙。武侯祠不仅仅是三国时期的历史见证，更是四川人民对诸葛亮

"鞠躬尽瘁死而后已"精神的尊敬和赞赏的象征。武侯祠本身独特的地域特征和其中丰富的文化内涵都极具推荐价值。

在成都,有一首民谣流传:"岳飞书写出师表,龙飞凤舞真前贤。"进入成都武侯祠的第二道门后,长廊两侧的墙壁上镶嵌着《出师表》石碑,据说是岳飞途经南阳,拜谒武侯祠时所写。石碑字体行草相宜,行书秀美,草书如龙蛇飞动,笔力遒劲,圆转自如,运笔畅达,仿佛一气呵成。(见图2-13)

图2-13 《出师表》石碑

部编版语文教材九年级下册第六单元中编入了《出师表》。汉章武元年（221年），刘备在成都创建蜀汉政权，任用诸葛亮为丞相。汉建兴元年（223年），刘备在病榻上叮嘱诸葛亮在其病逝后辅佐儿子刘禅。为了实现兴复汉室、一统江山的夙愿，诸葛亮在平定南方后，于建兴五年（227年）思量再三，最终决定北上伐魏，在出师临行前上书刘后主，深表对先帝刘备的感激之情和对刘后主的忠心。

文章起始先言"先帝创业未半而中道崩殂"，深痛刘备壮志未酬身先死，深诚刘禅要承担父亲刘备兴复汉室的大业不可荒废，继而以"今天下三分"，点明天下时局，逐鹿中原，鹿死谁手尚不可知。又直言"益州疲敝"，蜀汉条件不乐观，土地较少，能将不足，百姓穷苦，土地荒芜，无论是人力还是物力都较为缺乏。进而大声疾呼："此诚危急存亡之秋也！"在表明不利形势之后，又慰藉道"侍卫之臣不懈于内，忠志之士忘身于外"，一群忠义臣子为报答先帝赏识重用的恩情，对后主忠心耿耿。诸葛亮紧接着用质朴但闻之动容、思之惊心的语言提出"开张圣听""陟罚臧否，不宜异同""亲贤臣，远小人"三大建议。

表文第二部分，突然用"臣本布衣"起笔，标新立异。叙写自己不凡的从军历程，礼贤下士出山效命，倾覆之际出任丞相，危难之间出任主帅。字字句句说明创业艰难，激励刘禅不可半途而废，也以自己为例表明先帝刘备任人唯贤，唯才是举，礼贤下士，建议后主效法先帝了解人才并善用人才。文章由进谏忠言转为自叙生平，使文章的情节变得更加波澜起伏，更具可观性。

"受命以来，夙夜忧叹，恐托付不效，以伤先帝之明"表文追诉先帝刘备托孤之事，"今南方已定，兵甲已足"，指出这次出师北上伐魏的物质准备已足，进而提出"北定中原，庶竭驽钝，攘除奸凶，兴复汉室，还于旧都"，力图率领大军北上收复中原地区，表明兴复汉室的决心。《出师表》到此处才明确表达主题，直言出师北上，重振汉室辉煌。

诸葛亮在《出师表》中十三次提及"先帝"，七次提到"陛下"，"报先帝""忠陛下"的思想贯通全文。诸葛亮始终牢记先帝嘱托，处处为刘后主思虑，期望后主能实现隆中对里描述的"兴复汉室"、统一江山的宏伟蓝图。本文是诸葛亮呈递给后主刘禅的奏章，全文以议论为主，兼用记叙和抒情。全文既没有华丽的辞藻，也没有借用典故，但语言率真质朴、真情充溢，感人至深。

学习诸葛亮的《出师表》，不仅要感受该文语言朴质、真情充溢的特点，还要深刻体会诸葛亮对刘备、对蜀汉的忠义精神，更要进一步明白武侯祠这一承载厚重三国历史的文化坐标，不仅仅是岁月的见证，更是中华民族忠义精神、家国情怀传承的象征。

诸葛亮以其聪明才智、料事如神、竭诚尽节被大众熟知，但诸葛亮不光是一位忠义臣子，也是一位品学高洁、才学渊博的父亲。部编版语文教材七年级上册第四单元选入了诸葛亮的《诫子书》，此文是诸葛亮暮年写给他八岁儿子诸葛瞻的一封家书。在文章中，诸葛亮教导儿子，要淡泊明志，宁静致远，鼓励儿子勤学明志，也指明了放纵怠慢、偏激急躁、虚度光阴的妨害。《诫子书》全篇仅八十六字，全文语言简练严谨，说理平易近人，却将天下父母对孩子的殷殷教诲与无尽期望表达得淋漓尽致。后人在教育子女修养身心、树立志向时常常引用诸葛亮的《诫子书》。通过本文的学习，中学生可以进一步加深对诸葛亮的了解，更深刻地明白世人建造武侯祠纪念诸葛亮的意义。

### （二）学科融合探究

诸葛亮一生"鞠躬尽瘁，死而后已"，说起中国传统文化中忠义臣子与智者能人的代表，人们总能想起他。诸葛亮的忠义精神不仅感动着一代又一代的青少年，还收获了一批外国"粉丝"。外教老师鲍勃想在周末游览成都名胜古迹，但不知道武侯祠是否值得一去。请学生收集资料为鲍勃老师推荐武侯祠，推荐中可包含武侯祠的代表性景观、故事传说、相关诗文等。

听了学生的推荐，鲍勃老师决定本周末去参观武侯祠，但他不知道从光华馨城中学校出发前往武侯祠参观该如何搭乘公共交通工具及如何购票，请学生结合以下提示，告诉鲍勃去武侯祠参观的具体信息。注意语言的连贯通顺和信息完整。

门票　　　　　　全价门票50元/人，半价门票25元/人。

开放时间　　　　周一到周日

　　　　　　　　文物区：09：00—18：00（17：00停止售票）；

　　　　　　　　西区：9：00—20：00。

交通信息　　　　成都地铁三号线至高升桥站，D出口出站。

## 二、初中历史中的武侯祠

### （一）历史课程中的武侯祠简介

在部编版历史教材七年级上册第四单元"三国两晋南北朝时期：政权分立与民族交融"中，学生学习"三国鼎立"一课。通过对三国时期历史人物曹操、诸葛亮、刘备等人的了解，学生认识到了杰出人物对历史发展具有推动作用。

而提及诸葛亮和刘备，成都的学生一定不陌生。在四川省成都市武侯区有一处占地15万平方米的AAAA级景区——武侯祠（见图2-14），这里就是诸葛亮和刘备及蜀汉英雄的纪念地，也是全世界影响最大的三国遗迹博物馆，被誉为"三国圣地"。

图2-14　成都武侯祠

### （二）武侯祠的历史变迁

武侯祠至今已有一千多年的历史。234年，蜀国丞相诸葛亮积劳成疾，病逝军中，举国哀痛。蜀地人民为了纪念诸葛亮，纷纷请求为丞相立庙，但史书记载"朝议以为礼秩不听，百姓遂因时节私祭于道陌上"。甚至云贵地区的少数民族在荒山田野焚香祭祀，以表哀思。直至263年，朝廷"因近其墓，立之于沔阳"，即在今陕西省勉县定军山下诸葛亮墓旁建立了一座武侯祠以供百姓祭祀。

成都的武侯祠最早建于公元4世纪的西晋时期。西晋李雄割据四川，于少城（今青羊区通惠门至红光东路一带）始建武侯祠。但建于少城的武侯祠在南北朝后鲜有史书记载，其遗址和规模也无从考证。约公元5世纪，在成都惠陵旁出现了一座武侯祠，直至唐代，这座武侯祠已成为文人骚客的必游之地，并留下不少佳作名篇。如杜甫的《蜀相》、李商隐的《武侯庙古柏》、岑参的《先主武侯庙》等。值得一提的是，此时的武侯祠与刘备陵、庙相毗邻，其为何？刘备与诸葛亮，君臣也，鱼水也，历代称其为"君明臣良"，故"附祠于昭烈，则侯之忠益明""君臣一气，魂魄相依"。

唐宪宗元和四年（809年），剑南四川节度使武元衡一行人前往武侯祠拜谒祭祀，其幕府裴度欣然写下盛赞丞相诸葛亮的名篇，后由著名书法家柳公绰操笔运墨，鲁健镌刻，遂成千古流传的"三绝碑"（见图2-15），至今屹立于武侯祠中。唐穆宗时，段文昌又著《武侯祠古柏铭》刻石立于武侯祠内。段文昌在文中盛赞道："是草木有异，于草木则灵，武侯祠前，柏寿千龄。盘根拥门，势如龙形。含碧太空，散雾虚庭。合抱在于旁枝，骈梢叶之青青。百寻及于半身，蓄风雷之冥冥。攒柯垂阴，分翠间明。忽如虬螭，向空争行。上承翔云，孤鸾时鸣。下荫芳苔，凡草不生。古色天风，苍苍泠泠。曾到灵山，老柏纵横。亦有大者，莫之与京。于惟武侯，佐蜀有程。神其不昏，表此为祯。斯庙斯柏，实播芳馨。"

宋元时期，武侯祠的变化不大。明朝初年，宗室朱椿至武侯祠，见其香火旺盛，而刘备庙前门可罗雀，心中不满。于是，他以武侯祠与刘备墓、庙相毗邻，不合礼制为由，下令废除武侯祠，又以为"君臣宜为一体"，故于刘备殿外设东庑和西庑，

图2-15 武侯祠"三绝碑"

诸葛亮祀于东庑，关羽、张飞祀于西庑。但百姓对此并不以为意，反而不顾君尊臣卑的礼制，将改建的刘备庙称为武侯祠。明朝嘉靖年间，巡抚张时彻再次重建刘备庙宇，使之面貌焕然一新，可惜至明末战乱，刘备庙被烧毁，仅存刘备孤冢。

清朝康熙年间，宋可发等人重建祠庙，君臣合庙，一庙两殿，昭烈殿于前，孔明殿于后，与我们今日所见的武侯祠的规模和格局大致相同。

民国时期，武侯祠屡遭祸乱，一度沦为军阀的兵营，因时而衰。特别是在成都解放前夕，武侯祠受到军阀的重创，四处弹痕累累，破败不堪。

中华人民共和国成立后，武侯祠受到了党和政府的重视，国家开始重新整修武侯祠，直至1953年，武侯祠整修完成对游客开放。1961年，武侯祠被列为全国重点文物保护单位，进一步得到保护和重视。

古老的武侯祠，历经风雨，世事沧桑，至今仍焕发出勃勃生机。武侯祠随着时代的兴而兴，随着时代的衰而衰，这是历史的积淀，更是文脉的传承。

### （三）学科融合探究

"丞相祠堂何处寻，锦官城外柏森森"，武侯祠历经千年风雨，如今它的那堵红墙依然瞩目，成为众多游客"打卡"的拍照地点。其实除了武侯祠的红墙之外，祠堂内的众多古建筑同样也吸引着我们的目光，它们不仅承载着历史的厚重，更具有极强的艺术价值，如它的栏杆、石碑等。武侯祠的传统建筑有着怎样的格局与特点呢？请同学们实地游览考察一下吧！

## 三、初中英语中的武侯祠

### （一）英语课程中的武侯祠简介

在人教版英语九年级"Unit 5 What are the shirts made of?"六课时阅读课"Beauty in Common Things"的知识学习中，孔明灯的用途、制作方法和内涵寓意给读者留下深刻的印象。教材指出，孔明灯是诸葛孔明在危难之际用于紧急求助的一种联络方式。民间流传，孔明灯是用于纪念诸葛孔明的。但是，这两种说法由于缺乏史证的考究，一直没有成为定论。图2-16所示为孔明灯。

众所周知，诸葛亮因其才智无双而闻名天下，但更因其鞠躬尽瘁而流芳万世。在如今成都南门大桥外西侧，坐落着一座祭祀诸葛亮的专祠——武侯祠，因其生前被封为武乡侯而得名。更有意思的是，一说起武侯祠，人们肯定会认为这就是一座单单祭祀诸葛亮的祠堂。实则不然，武侯祠里不仅有诸葛亮殿，还有很大一部分是刘备死后所入葬的

图2-16 孔明灯

惠陵。从古至今，能够将君王和丞相合在一起祭祀的，只此一座。

然而，最初的武侯祠并非君臣合葬。当初，为刘备下葬所修建的陵墓是汉昭烈庙，而武侯祠则在其一侧。明朝初期，战乱四起，在重新修建损毁的武侯祠时，将其纳入了汉昭烈庙，成就了如今的武侯祠。在中国数千年的历史里，这种将君主和丞相合在一处进行祭祀的仪式显然是不合常理的，但是这却恰恰从侧面体现了刘备与诸葛亮之间深厚的君臣情谊。三顾茅庐、决战赤壁、托孤白帝城等故事都已过去两千多年，武侯祠也经历无数朝代更迭，数次修葺，但仍然被大众所铭记，前来凭吊的人络绎不绝。此二人的祭祀组合世间少有，空前绝后，值得我们深入探讨。

## （二）武侯祠里的英语知识（以下人物中英文介绍源自武侯祠景区）

成都武侯祠，肇始于222年刘备惠陵的修建。经历朝历代发展，今天的成都武侯祠是全国唯一一座纪念刘备、诸葛亮、关羽、张飞等蜀汉英雄的君臣合祀祠庙。由三国历史文物区、园林区和锦里民俗区三大部分组成。

Chengdu, Wuhou Shrine originated from Liu Bei's Huiling Mausoleum built in 222AD. After development throughout the dynasties, it is the only existing shrine in China where a monarch is enshrined with his ministers. Chengdu Wuhou Shrine is divided into three sections: the Three Kingdoms Historical and Cultural Relics Zone, the Garden Zone, and Jinli Folk-Customs Zone.

武侯祠于1961年被国务院公布为第一批全国重点文物保护单位，1984年成立成都武侯祠博物馆，2008年被评为国家一级博物馆，2016年被国家文物局授牌"全国三国文化研究中心"。

现在让我们跟随着人物介绍，用心灵去感受，开启对话三国蜀汉之旅，去聆听不一样的三国故事，去感受不一样的三国文化。

1. 汉昭烈庙

汉昭烈庙是武侯祠内最大的庙堂，祭祀的是刘备。

刘备（161—223年），字玄德，涿郡涿县（河北涿州）人。汉末起兵，逐鹿中原，221年在成都称帝，国号"汉"，后世称"蜀汉"。伐吴兵败，病逝于白帝城（重庆奉节），谥昭烈皇帝。

Liu Bei (161-223 AD), courtesy name Xuande, was born in Zhuo County of Zhuo Shire (now ZhuoZhou of Hebei Province). He led an army at the end of Han Dynasty, fought among rivals for the empire, declared himself emperor in 221, named the state "Han", which later was called "Shu Han". He was died of illness in Baidi City (Fengjie County, Chongqing) after being defeated by Wu, and was given the posthumous name Emperor Zhaolie.

2. 文臣武将廊

文臣武将廊位于刘备殿前东西廊内，有蜀汉文臣武将的塑像28尊。

赵云（？—229年）

字子龙，常山真定（河北正定）人。原公孙瓒部将，后归随刘备。208年当阳长坂之役，保护刘禅、甘夫人脱险。刘备曾赞"子龙一身都是胆"。刘备伐吴前，赵云曾力劝阻，谥顺平侯。

Zhao Yun (? -229 AD), a native of Hebei province, one of the top generals. He risked his life to save Liu Bei's son and his wife from the battle. He tried to dissuade Liu Bei from the war against the Wu.

孙乾（？—214年）

字公祐，北海（山东昌东）人。自刘备领徐州牧起，孙乾一直作为幕僚追随左右。曾代刘备出使袁绍、刘表。刘备入益州后，孙乾任秉忠将军，颇受礼遇。

Sun Qian (? -214 AD), a native of Shandong Province, an assistant of Liu Bei, ever serving as an envoy to visit Yuan Shao and Liu Biao.

张翼（？—264年）

字伯恭，犍为武阳（四川彭山）人。蜀汉后期重要将领，第三任庲降都督。263年，奉刘禅命随姜维在剑阁降魏。参与魏将钟会叛魏，事败被杀。

Zhang Yi (? -264 AD), a native of Sichuan Province, a major general in late Shu period. He yielded to the enemy and got killed for his involvement in a betrayal from Wei.

马超（176—222年）

字孟起，扶风茂陵（陕西兴平）人，时人称其有韩信、英布之勇，深受西凉少数民族拥戴。潼关一役中几乎袭杀曹操。214年，归降刘备，受重用。谥威侯。

Ma Chao (176-222 AD), a native of Shanxi Province, a major general of Liu Bei, very brave. He was neared to kill Cao Cao in Tongguan battle.

王平（？—248年）

字子均，巴西宕渠（四川渠县）人。街亭之役中，曾竭力劝谏马谡放弃错误指挥，事后受诸葛亮嘉奖。

Wang Ping (?-248 AD), a native of Sichuan Province, a major officer. In the decisive Jieting battle, he resisted the incorrect order and thus partly saved the Shu army.

姜维（201—264年）

字伯约，天水郡冀县（甘肃甘谷）人。228年降蜀，受诸葛亮器重。诸葛亮逝世后，担负伐魏重任，终未能有大胜。魏军攻蜀，姜维奉刘禅命降魏。后策动魏将钟会叛魏，事败被杀。

Jiang Wei (201-264 AD), a native of Gansu Province, an adherent of Zhuge Kongming. Under the instruction from emperor Liu Shan. He surrendered to the Wei but was killed later due to the plot of betrayal from the Wei.

黄忠（？—220年）

字汉升，南阳（河南南阳）人。原为刘表部将，后归降刘备。作战时身先士卒，勇冠三军，在定军山斩杀曹军名将夏侯渊。谥刚侯。

Huang Zhong (? -220AD), a native of Henan Province, an important general of Shu. He killed Xia Houyuan in Dingjun Shan.

廖化（？—264年）

字元俭，襄阳（湖北襄阳）人。忠孝果敢，得刘备赏识，任丞相参军。封中乡侯。

Liao Hua (?-264 AD), a native of Hubei Province, was a major officer of the Shu, well-known for his resolute and decisive manner.

向宠（？—240年）

襄阳宜城（湖北宜城）人。治军有方，团结部下，受到刘备、诸葛亮的赏识。

Xiang Chong (?-240 AD), a native of Hubei Province, an official with team spirit and leadership.

傅佥（？—263年）

义阳（湖北枣阳）人。傅肜之子，蜀汉后期将领。263年魏军攻蜀，城破战死。

Fu Qian (?-263 AD), a native of Hubei Province, son of Fu Rong, the general of late Shu period.

马忠（？—249年）

字德信，巴西阆中（四川阆中）人。225年，诸葛亮南征，马忠领东路军伐牂牁。223年，任第四任庲都督。在任17年，能执行诸葛亮的"和抚"政策，受到当地各族的拥戴。

Ma Zhong (?-249 AD), a native of Sichuan Province, was in charge of the southern region of Shu and supported by many ethic groups for implementing policies of concord.

张嶷（？—254年）

字伯岐，巴西郡南充（四川南充）人。任越嶲太守，以"和抚"政策保持当地安定，受到拥戴。死后越嶲郡少数民族曾立庙祭祀。

Zhang Ni (?-254 AD), a native of Sichuan Province, was a well-supported governor for his policy of concord ensuring local stability and security.

张南（？—222年）

字文进，荆州南郡（湖北江陵）人，221年随刘备征吴，任前部，军败战死。

Zhang Nan (?-222 AD), a vanguard in the battle against the Wu and died when defeated.

冯习（？—222年）

字休元，南郡（湖北荆州）人，在荆州随刘备入蜀。221年随刘备征吴。军败战死。

Feng Xi (?-222 AD), a native of Hubei province, was an officer died in the battle against the Wu.

程畿（？—222年）

字季然，巴西阆中（四川阆中）人。随刘备伐吴，军败战死。

Cheng Ji (?-222 AD), a native of Sichuan Province. He fought to the end when Liu Bei was defeated.

马良（187—222年）

字季常，襄阳宜城（湖北宜城）人，马谡之兄，以才闻名。出使吴国时，受孙权敬重。刘备伐吴期间，他负责联络五溪地区各族。222年，刘备军败猇亭，马良遇害。

Ma Liang (187-222 AD), a native of Hubei Province, was a counselor of Liu Bei. He died in the battle against the Wu when Liu Bei was defeated.

杨洪（？—228年）

字季休，犍为武阳（四川彭山）人。刘备与曹操争夺汉中时，杨洪建议诸葛亮全力增援，事后升为蜀郡太守。史称其"忧公如家"。

Yang Hong (?-228 AD), a native of Sichuan Province, was devoted to state affairs and advised Zhuge Liang offering reinforcements when Liu Bei was fighting for Han Zhong.

秦宓（？—226年）

字子敕，广汉绵竹（四川德阳）人，以才学广博闻名于蜀中。曾与吴国使者张温激烈辩论，应答如流。

Qin Mi (?-226AD), a native of Sichuan Province, was a scholar in the three kingdoms period.

董允（？—245年）

字休昭，荆州南郡枝江（湖北枝江）人，董和之子，刚正不阿。刘禅欲增选妃嫔，他屡次劝谏。时人并称诸葛亮、蒋琬、费祎和董允为"四英"。

Dong Yun (?-245 AD), the son of Dong He, was a major official. Upright and principled, he dissuaded emperor Liu Chan from Having more concubines.

蒋琬（？—246年）

字公琰，零陵湘乡（湖南湘乡）人。有治国之才，得诸葛亮器重。北伐时，留守相府，保障供给。诸葛亮逝世后，蒋琬接班主持蜀汉军政。谥公侯。

Jiang Wan (?-246 AD), a native of Hunan Province with great statesmanship, was appreciated by Zhuge Liang. He guaranteed supply for the northern expedition.

陈震（？—235年）

字孝起，南阳（河南南阳）人。229年，为维护蜀吴联盟，出使吴国，不辱使命。有知人之明，最早觉察李严心术不正。

Chen Zhen (?-235 AD), a native of Henan Province, was a smart envoy detached by the Shu Kingdom to the Wu Kingdom.

邓芝（？—251年）

字伯苗，义阳新野（河南新野）人。刘备逝世后，奉诸葛亮之命两次成功出使东吴，重修盟好。为官20余年，赏罚公正，爱恤士卒，不置私产，居家简朴。

Deng Zhi (?-251AD), a native of Henan Province, was an upright officer. He successfully rebuilt the coalition between the Shu and the Wu Kingdom.

董和（生卒年不详）

字幼宰，南郡枝江（湖北枝江）人，原为刘璋部下，归投于刘备后，协助诸葛亮处理军政，直言敢谏，正直清廉。

Dong He, a native of Hubei Province, was one assistant of Zhuge Liang. He was out spoken and often brought forward his suggestions and criticism.

费祎（？—253年）

字文伟，荆州江夏郡鄳县（河南罗山）人。能言善辩，受诸葛亮之命成功出使东吴，深受孙权赞赏。继诸葛亮、蒋琬后，主持蜀汉军政，治政有方。后被魏国降人刺死。谥敬侯。

Fei Yi (?-253 AD), a native of Henan Province. On a mission to the Wu Kingdom, he was praised for eloquence. He was in charge of administration and military affairs.

傅肜（？-222年）

义阳（湖北枣阳）人。221年随刘备征吴，222年，刘备战败还军，傅肜率军断后掩护，军败战死。

Fu Rong (?-222 AD), a native of Hubei Province. He died in a rear-guard action against the Wu.

吕凯（？—225年）

字季平，永昌不韦（云南保山）人。南中大姓雍闿等叛乱时，他忠于蜀汉政权，保境安民，得诸葛亮赏识，升任云南郡太守。后遭叛乱者所杀。

Lv Kai (?-225 AD), a native of Yunnan Province, was a faithful local official of the Shu Kingdom. He was promoted by Zhuge Liang but was killed by rebels.

简雍（生卒年不详）

字宪和，涿郡（河北涿州）人。性情诙谐，不拘小节，早年追随刘备，常为其出使。刘备攻成都，简雍成功劝降刘璋。

Jian Yong, a native of Hebei Province, was an emissary for diplomatic missions. When Liu Bei was to take Chengdu by force, he persuaded Liu Zhang to surrender.

庞统（179—214年）

字士元，襄阳（湖北襄阳）人。才华出众，被称为"凤雏"。与诸葛亮同任军师中郎将。在进攻广汉时，被流矢射中身亡。谥靖侯。

Pang Tong (179-214 AD), a native of Hubei Province. He was a smart military counselor of Liu Bei and was praised as a young phoenix.

3. 诸葛亮殿

诸葛亮殿是传统的庙宇建筑，由过厅、东厢房、西厢房、钟楼、鼓楼、孔明殿6组建筑围合而成。

诸葛亮（181—234年）

字孔明，琅琊阳都（山东沂南）人。受刘备三顾，献身辅佐，联吴抗曹，治国安民，南征北伐，为贤相典范。234年病逝于伐魏前线，葬陕西勉县定军山。谥忠武侯。

Zhuge Liang (181-234 AD), courtesy name Kongming, was born in Yangdu County of Langya Shire (now Yinan of Shandong Province). He dedicated himself to assisting Liu Bei after three sincere personal visits of Liu Bei, and proposed the plan of uniting the Wu against Cao Cao. He launched the strategies of Southern Campaign and Northern Expeditions and was a model of imperial chancellor in governing the country and engendering social stability. In the year of 234, he died of illness at the front line of the Northern Expeditions against the Wei, and was buried on Dingjun Shan in Mianxian County of Shaanxi Province, and posthumously granted the title "Marquis Zhongwu".

4. 三义庙

1998年从提督街原状迁建至武侯祠内，殿内刘关张塑像形象根据《三国演义》描写而作，生动形象，生气勃勃。

关羽（？—219年）

字云长，河东郡解县（山西运城）人。随刘备起兵，战功显赫，威震华夏。《三国演义》中描写他过五关、斩六将，历经艰辛，回归刘备麾下，被誉为古代"忠义"的典范。民间尊为武圣人、武财神。后为孙吴所杀。谥壮缪侯。明代始封为"关帝"。

Guan Yu (? -219 AD), courtesy name Yunchang, was born in Xie County, Hedong Shire (now Yuncheng of Shanxi Province). He served under the leadership of Liu Bei and gained high reputation across China due to numerous outstanding military exploits. He was honored as a "loyalty" model in ancient China, due to his return to Liu Bei through hardships such as crossing five passes and slaying six generals as described in the Romance of the Three Kingdoms. Thus, he was respected as the Saint of War and the Martial God of Wealth in Chinese folk customs. Guan Yu was subsequently captured by Sun Quarts forces and executed, and was granted the posthumous name "Marquis Zhuangmou". He was bestowed a title of "Emperor Guan" in Ming Dynasty.

张飞（？—221年）

字益德，涿郡（河北涿州）人。随刘备起兵，多有战功，为当时名将。作战勇猛，诚贯金石。他只身立于长坂桥头，喝退了曹操追击的大军。后代以他为猛将的代名词。刘备伐吴前夕，被部将所害。谥桓侯。塑于清乾隆五十三年（1788年）。

Zhang Fei (?-221 AD), courtesy name Yide, was born In Zhuo Shire (now Zhuozhou of Hebei Province). He was a famous military general under the leadership of Liu Bei, and made a lot of military exploits. He was valiant in the combats and allegiant to Liu Bei. He stood guard at one end of a bridge at Changban to cover Liu Bei's retreat, glared and shouted at Cao Cao's soldiers who were all afraid and did not dare to approach him. Thus, his name was taken as a symbol of valiant general by the later generations. However, he was murdered by his subordinates when Liu Bei's attack on the Wu Army. He was granted the posthumous name "Marquis Huan". The statue was created in 1788, the 53rd year of Qianlong Era of Qing Dynasty.

### （三）学科融合探究

询问学生在初步认识和了解了武侯祠后，最喜欢里面的哪几个人物。请学生利用假期时间邀上家人朋友，游览武侯祠，领略三国文化，与各位英雄人物来一场期待已久的会面。游览结束后，让学生以"煮酒论英雄"为题，抒发自己的感受。

## 第三节　都江堰

### 一、初中地理中的都江堰

#### （一）地理课程中的都江堰简介

在中图版地理教材七年级下册第七章第三节"四川省"部分的知识学习中，我们了解到2000多年前，李冰父子主持修建都江堰，引水灌溉农田。至今，该水利工程仍在发挥作用，灌溉着成都平原及附近的农田。

都江堰，位于四川省成都市都江堰市西部，位于岷江出山口，该工程主要由鱼嘴、飞沙堰、宝瓶口，以及各级输水渠组成，它担负着四川盆地中西部地区7市（地）40县（市、区）1130万余亩农田的灌溉重任，为成都市的工、农业及城市生活提供必不可少的水源，具备防洪、发电、旅游等作用，是城市发展的重要水利设施。

成都平原处于四川盆地西部，属于亚热带季风气候，降水丰沛，年降水量接近1200毫米，而且地形平坦，夏秋季容易形成洪涝灾害。而成都平原以务农为本，在都江堰修筑之前，深受水患影响，所以需要一定的措施改变现状。秦出于战略考虑，为将成都平原建设成战时粮仓，以及促进经济发展，势必要解决成都平原水患。秦灭蜀后在此建立了蜀郡，并命李冰为蜀郡守，派其解决成都平原的水患问题。

在都江堰正式动工前，李冰总结前人治水经验，并反复进行实地考察。他观察到岷江流出邛崃山后，由于地形变平坦、河面变开阔，于是流速减缓，易产生洪灾。根据实地考察结果，李冰在岷江中间修筑鱼嘴，鱼嘴后面修一分水堰称金刚堤，将宽阔的岷江分为内江和外江，外江宽而浅，夏季汛期时将多余河水排入沱江，保成都平原平安；内江窄而深，能保证冬季枯水期时也能将水引入成都平原，以供灌溉和城市用水。金刚堤以下是飞沙堰，在降水异常多的年份，如从内江进入的水过多，飞沙堰就起到了二次泄洪排沙的作用。李冰在玉垒山凿开一道约二十米宽的引水口，一方面可以减小河道压力，另一方面又可以灌溉成都平原。宝瓶口将汛期的洪峰引走，严格控制了进入成都平原的水量，最大限度地削减了岷江洪峰给沿途带来的洪水威胁。（见图2-17）

图2-17　宝瓶口

都江堰修筑以后，它的三大主体工程（鱼嘴、飞沙堰、宝瓶口）有机配合，相互制约，协调运行，引水灌田，分洪减灾，既保障了灌溉用水，又减少了洪涝灾害。自此，成都平原"水旱从人，不知饥馑，谓之天府"。

后人为纪念李冰父子，修建了二王庙，内供奉李冰父子的塑像，珍藏治水名言、诗人碑刻等。（见图2-18）

图2-18 二王庙

伏龙观又称老王庙、李公祠、李公庙等，相传李冰父子治水时曾在这里降伏孽龙于离堆之下，锁于伏龙潭中，后人为此修建了伏龙观，此祠就位于宝瓶口之下。

## （二）都江堰中的地理学知识

### 1. 地形地貌

都江堰市地跨川西龙门山地带和成都平原岷江冲积扇扇顶部位。市境内地势为西北高，东南低，高山、中山、低山、丘陵和平原呈阶梯状分布。在地质构造体系上，属华夏构造体系，跨成都平原和龙门山区两个不同自然地理区，地貌单元属岷江冲积扇一级阶地。

### 2. 山脉水系

都江堰市山脉以岷江为界，河东、河西分属两条山脉。河东诸山（旧称东岷）属于龙门山脉，河西诸山（旧称西岷）属于邛崃山脉。河东龙门诸山，以光光山最高，属龙门山脉中南段的西干支脉，由彭州—汶川县延伸至市境内。河西诸山属于邛崃山脉的东支，山脉自崇州鹿顶山而来，到市境三合顶分为两支：一支沿北东方向延伸为熊耳山、鏊华山、赵公山；另一支朝南东向延伸。赵公山（原名大面山），呈东北—西南走向。其东麓群山如翠浪，以石定江为界，其北边自上而下依次有：鏊华山、老君山、张家山、三台山、南华山、斗底山、大小牛心山、卧牛山、凤凰山等；其南边有由赵公山而来的支脉，经棋盘石、岐山庙的主峰延伸为著名的旅游胜地——青城三十六峰（其最高处为高台山彭祖峰，即青城第一峰，海拔1260米），再由天仓山金鞭岩、笔架山至马家岭进入崇州市境。

都江堰市境内河流均属岷江水系，市境内岷江正流全长47千米，可分为两段：都江堰渠首以上属于岷江上游，流经境内龙池镇等地，全长17千米；岷江经渠首分外江和内江，外江为正流，称金马河，经市境流入温江区、崇州市，全长30千米。内江则通过引水闸，呈扇形进入市区，市区仰天窝闸桥将内江分为四条河，由北向南依次是蒲阳河、柏条河、走马河、江安河，流入新都区、郫都区、温江区，汇入金堂县的沱江和成都市的府河。

3. 气候环境

都江堰市属四川盆地中亚热带湿润季风气候区，雨量充沛，气候温和，四季分明。常年气温在10~22℃之间，平均气温16.4℃，年均无霜期306天。青城山—都江堰保护区内森林覆盖率达95%以上，植被覆盖率达98%以上。大气环境总均值良好，地表水质居全省第一，地面水环境质量指标达国家三级，城市饮用水质达标率达100%。

### （三）学科融合探究

都江堰工程有三个重要的组成部分（鱼嘴、飞沙堰、宝瓶口），请学生进行小组合作，选一个位置，做出相应的模拟实验，探究其工作原理。

都江堰作为世界闻名的水利工程，它不仅能为城市发展提供源源不断的帮助，还能作为旅游景点让同学们假期的时候放松心情。请学生选一个角度，为都江堰作一首诗或写一句广告宣传语，让更多的人了解这项工程。

## 二、初中历史中的都江堰

### （一）历史课程中的都江堰简介

在部编版历史教材七年级上册第7课"战国时期的社会变化"中，学生学习了在战国时期秦国蜀郡李冰的主持下，修筑了都江堰水利工程。正是都江堰让成都有了"天府之国"的美誉，也让李白作出了"九天开出一成都，万户千门入画图。草树云山如锦绣，秦川得及此间无"这样的诗篇。今日的成都，更是西南地区一颗璀璨的明珠，成为"休闲""安逸"的代名词。的确，成都平原地势平坦，土壤肥沃，四季分明，是一个非常宜居的城市。而成都这块土地之所以如此丰厚，得益于都江堰水利工程。而都江堰也不仅是一个水利工程，它科学合理的水利结构，更是古代劳动人民智慧和创造力的体现。

## （二）都江堰的前世今生

经过学习，学生对都江堰有了一定了解，那么，都江堰在千年的岁月里经历了怎样的变迁呢？

自古以来，不论是东方还是西方，人类文明都曾深受洪水灾难的侵扰，有许多神话也与之相关。四川盆地也不例外。《华阳国志·蜀志》曾这样记载："……有王曰杜宇，教民务农，一号杜主。时朱提有梁氏女利游江源，宇悦之，纳以为妃。移治郫邑，或治瞿上。七国称王，杜宇称帝，号曰望帝，更名蒲卑。自以功德高诸王，乃以褒斜为前门，熊耳、灵关为后户，玉垒、峨眉为城郭，江、潜、绵、洛为池泽，以汶山为畜牧，南中为园苑。会有水灾，其相开明决玉垒山以除水害。帝遂委以政事，法尧、舜禅授之义，遂禅位于开明，帝升西山隐焉。时适二月，子鹃鸟鸣，故蜀人悲子鹃鸟鸣也。"①从这段古老文字的记载之中我们可以看出，古蜀首领的一个重大任务就是要带领子民们"除水害"。在古蜀几代先王的治理下，成都平原的农业也有了较大的发展，但真正彻底解决了成都平原水患的当属都江堰的修建。

关于都江堰的记载，西汉司马迁的《史记》中曾描述道："于蜀，蜀守冰凿离碓，辟沫水之害，穿二江成都之中。此渠皆可行舟，有余则用溉浸，百姓飨其利。"而在《华阳国志·蜀志》中，记载得更为详细："（李）冰乃壅江作堋，穿郫江、检江，别支流，双过郡下，以行舟船……又溉灌三郡，开稻田。于是蜀沃野千里，号为陆海，旱则引水浸润，雨则杜塞水门。故记曰：水旱从人，不知饥馑，时无荒年，天下谓之天府也。"②通过这些史料记载，可以看出都江堰的修建时间是在战国末期，由当时秦国蜀郡郡守李冰主持修建。为何秦国会在蜀地修筑这样一个大型的水利工程呢？当时的时代背景又是怎样的呢？

公元前356年，此时秦国开始了历史上赫赫有名的商鞅变法，变法十分成功，让秦军在战场上成为一支令人闻风丧胆的虎狼之师。而秦国内部经济富庶，道不拾遗。这个时候的秦国已经有了一统天下之势。公元前315年秦国上将军司马错进攻巴蜀地区，从此秦国的版图里多了这两处西南之地。为何秦会选择这两处地方进攻？其实蜀地对于秦国来说具有非常重要的战略地位。《华阳国志·蜀志》里记载道："司马错、中尉田真黄曰：'蜀有桀、纣之乱，其国富饶，得其布帛金银，足给军用。水通于楚，有巴之劲卒，浮大舶船以东向楚，楚地可得。得蜀则得楚，楚亡则天下并矣。'惠王曰：'善。'"③于是就这样，蜀地纳入了秦的统治范围。虽然成都平原在之前几代蜀王的

---

① 彭华译著：《华阳国志（中华经典名著全本全注全译丛书）》，中华书局2023年版。
② 彭华译著：《华阳国志（中华经典名著全本全注全译丛书）》，中华书局2023年版。
③ 彭华译著：《华阳国志（中华经典名著全本全注全译丛书）》，中华书局2023年版。

治理下水土肥沃，但是依然逃不开水旱灾害。这里本应成为秦国的大后方，但却因为天灾粮食产量下降，反而还需秦国支援。之后秦国便命知天文地理的李冰担任蜀郡郡守。李冰上任后了解到，要利用这块地方为秦国统一天下服务，就必须先解决水旱灾害，让这里成为秦国的粮仓。

之后李冰在成都平原四处考察走访，决定解决岷江泛滥的问题，因此需要在西部修筑一个大型的水利工程。他在实地考察后决定开凿玉垒山，这样便于江水往东流。当时物质条件有限，李冰只得命百姓用火烧石，再泼水使之冷却，让岩石爆裂，而炸裂的口因形状酷似瓶口，故名曰"宝瓶口"。玉垒山开凿之后，修筑鱼嘴将岷江一分为二：内江和外江。将内江引入成都平原灌溉农田，外江则顺流而下，这样分流以后减少了水灾泛滥的频率，且还能保证成都平原内部的农业灌溉用水。为了防止江水之中的泥沙淤积导致排水不畅又发生洪灾，还修筑了第三道工程——飞沙堰。就这样，这三道工程经过八年修筑完工，共同构成了都江堰水利工程。

都江堰修筑完成之后，蜀地的水旱灾害终于得到了根本性的解决，而当初秦攻蜀地的目的也已经达到。蜀地从此以后沃野千里，为秦军统一天下提供了丰厚的经济基础。

西汉时期，蜀郡郡守由文翁担任，他任职期间，继续对蜀进行治理："穿湔江口，溉灌郫繁田千七百顷。"由史料可见，在西汉时期都江堰的功用又进一步得到了发挥。三国时期，诸葛亮治理蜀中，也十分看重都江堰："诸葛亮北征，以此堰为农本，国之所资，以征丁千二百人主护之。"诸葛亮深知，要在群雄割据的时代称霸，必须先保证粮食，甚至派设军队对都江堰加以看护。到了唐朝，都江堰得到了进一步的完善，灌区的面积进一步增大，并且还有相对完善的灌区维护制度，而成都的农业经济也得到了进一步的发展，在当时有"扬一益二"的说法，成都已然成为全国重要的经济大都市。

之后的历朝历代对都江堰也有不同程度的修葺与完善，而都江堰也在这漫长的岁月里，养育着一代又一代的蜀地子民。正所谓"拜水都江堰，问道青城山"，今日的都江堰已经不再只是一个水利系统，它见证了世代蜀民的勤劳与智慧，是四川地区文化的象征。都江堰是国家5A级景区，2000年，都江堰更是被联合国教科文组织列入"世界文化遗产"，2020年还当选为"巴蜀文化旅游走廊新地标"，来自世界各地的人们络绎不绝地前来见证这座水利工程的神奇与伟大。回望当年李冰主持修建都江堰，如今已过了千余年岁月，而都江堰依然还在守护成都平原，它孕育了富庶的天府之国，滋养出了灿烂的天府文化，留下了一段丰厚的历史让世人品读。

## （三）学科融合探究

都江堰是当今世界上年代最久的无坝引水的宏伟水利工程，且至今还在使用，它的三大渠首工程背后有着怎样的科学原理，又有着怎样的结构特点呢？请学生查阅资料，实地考察，探寻都江堰三大渠首工程背后的奥秘。

## 三、初中物理中的都江堰

### （一）物理课程中的都江堰简介

1. 教科版物理八年级下册第八章第三节力改变物体的运动状态

物理八年级下册第二章第三节"力可以改变物体的运动状态"中讲述了力可以改变物体运动的方向（见图2-19），运用在都江堰水利工程中，即修建飞沙堰，利用力的作用阻挡沙石过多流入内江，岷江水通过飞沙堰将沙石甩出，达到排沙泄洪的目的。

图2-19　教科版物理九年级上册第7页节选

2. 教科版物理九年级上册第一章第二节分子热运动

九年级物理上册第一章第二节"内能与热量"中提出了热运动的概念，物体内部大量分子无规则的运动叫作热运动，说明了温度越高分子运动越剧烈，扩散越快（见图

2-20）。李冰父子在修建都江堰时经过实地考察，明确了要想引水分流，就必须凿穿玉垒山。在当时没有火药不能爆破的情况下，他们想到了可以利用热胀冷缩的原理，先用火烧热岩石，再将水泼在上面，石头便会崩裂疏松，更容易开凿。

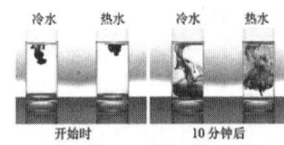

图2-20　教科版物理九年级上册第7页节选

## （二）都江堰里的物理知识

### 1. 分子热运动

分子动理论的热运动知识中指出物体内的粒子（原子）运动会随温度改变，当温度上升时，粒子的振动幅度加大，令物体膨胀，但当温度下降时，粒子的振动幅度便会减小，使物体收缩。玉垒山的引水分流工程正是利用了分子热运动中的热胀冷缩原理，才能顺利开凿出宝瓶口。在生活中踩瘪的乒乓球在热水中一烫就恢复原状，铁轨之间要留有缝隙，两根电线杆之间的电线夏天有所垂落冬天才不会崩断等现象都利用了这个原理。

## 2. 力改变物体的运动状态

力可以改变物体的运动状态，具体体现在改变物体运动速度的大小和运动方向。李冰父子在分水堰东南方向修建了飞沙堰和离堆，宝瓶口相较于内江更为狭窄。当内江水流至宝瓶口时，河道突然变窄，离堆对水流的作用力会改变水流的运动方向，使内江流向宝瓶口的水形成回流。回流作用下，水中的砂石因受力被甩飞至飞沙堰，有效防止泥沙堆积堵塞宝瓶口。同时，在排沙过程中，还借助内外江河床高低不同引发的弯道环流原理，让大量泥沙流向外江，进一步保障了内江水道的通畅，这些力学原理会在后续的物理学习中进行更深入的探讨。

## （三）学科融合探究

了解了都江堰的相关物理和地理知识后，让学生利用塑料板做一个鱼嘴四六分水的模型，或者用橡皮泥做一个都江堰的立体手工，并用小视频的方式记录制作过程，介绍手工作品。

# 第三章 巴蜀美食文化

　　巴蜀文化以其独特的地理位置和丰富的人文资源在中华文化中独占一席之地，巴蜀美食更是独具特色，享誉世界。巴蜀美食是巴蜀饮食文化的集中体现，反映了巴蜀大地上人们与生态环境、社会生活在文化适应上的关系，是组成巴蜀人民社会生活的重要方面。品味巴蜀美食，不仅仅是一次味觉之旅，更是一次文化之旅。巴蜀美食凝聚着巴蜀人民的智慧和文化，是人们对生活的热爱和追求的体现。

　　一方水土养一方人，一方水土造就一方风味。巴蜀饮食文化的发展依赖于得天独厚的自然条件。巴蜀境内江河纵横，山川常青，烹饪原料丰富：既有江河的鱼虾蟹鳖，又有山区的山珍野味；既有肥嫩味美的各类禽畜，又有四季不断的各种新鲜蔬菜和笋菌；还有品种繁多、质地优良的酿造调味品和种植调味品，如自贡井盐、阆中保宁醋、德阳酱油、郫县豆瓣、茂汶花椒、永川豆豉、叙府芽菜、南充冬菜、新繁泡菜等，都为各式川菜的烹饪提供了良好的物质基础。巴蜀美食从古巴国蜀国走来，经历春秋至两晋形成雏形、唐宋的大发展，至清朝民国的菜系形成，最终形成了别具一格的巴蜀美食文化。巴蜀美食自成体系，尤以川菜、川茶、川酒、泡菜以及各种名小吃享誉世界，探索巴蜀饮食文化，不仅是一场"麻辣鲜香"的味觉盛宴，而且是一场回味悠长、意蕴丰厚的文化盛宴。

# 第一节　巴蜀美酒

## 一、初中语文中的巴蜀美酒

### （一）语文课程中的酒

"且将新火试新茶，诗酒趁年华。"中国是酒的故乡，也是诗的国度。酒是中国文人经常吟咏的题材，借酒劝世、消愁、韬晦、表现名士风流成为永恒的主题。《诗经》中有40多篇诗与酒相关；陶渊明的诗有一半谈到酒；杜甫诗中说到饮酒的有300多首；曹操的"对酒当歌，人生几何"成为千古名句；李白的"天子呼来不上船，自称臣是酒中仙"广为传诵；陆游在田家游玩时感慨"莫笑农家腊酒浑，丰年留客足鸡豚"；白居易在微醺中写出成名作《琵琶行》；苏轼中秋节大醉后写下千古绝唱《水调歌头·明月几时有》；欧阳修在醉后与百姓同游琅琊山，"得之心而寓之酒"……文人们借着酒意发散情感，陶然其间，当诗文与美酒融合到一定高度时，便能带领读者"醉"在一个忘我的诗歌境界。教材中有太多文人与酒的佳话，这些作品在中国诗酒文化形成的过程中，形成绚烂的文明景观。

### （二）巴蜀文脉与酒文化

古代川酒在我国酒文化发展史上是一朵最耀眼的奇葩，张能臣在《酒名记》中记载的北宋时期各地的名酒名录里，成都便占有四席位："成都府忠臣堂，又玉髓，又锦江春，又浣花堂。"

发展到现代，四川早已成为中国最大的产酒省份，同时也是全国白酒销售收入、利润和出口量最大的省份。五粮液、泸州老窖、剑南春、沱牌曲酒、全兴大曲、郎酒更是号称中国名酒评比的"六朵金花"。

除了巨大的经济效益外，酒与巴蜀地区更在文化上结下了不解之缘。

《华阳国志》中收有《蚕丛国诗四章》，其中一首写道："川崖惟平，其稼多黍。旨酒嘉谷，可以养父。野惟阜丘，彼稷多有。嘉谷旨酒，可以养母。"这是一首古老的巴蜀俗谣，为四言诗，创作时期大概与《诗经》差不多。由此可见，远在巴蜀时期，以酒为主题的诗词文化现象就已经出现。

汉代，著名的辞赋家司马相如为泸州老窖留下了"蜀南有醪兮，香溢四宇；当炉而炖兮，润我肺腑；促我幽思兮，落笔成赋"的佳句。在唐代，川酒在诗中成为一种不可或缺的题材。诗仙李白离开四川后，留下了称颂川酒的名句："遥看汉水鸭头绿，恰似葡萄初酦醅。"而这些诗词也因为川酒的独特韵味而获得了丰富的内涵，赢来了一次次文学艺术的井喷。

## 闻官军收河南河北
### （唐）杜甫

剑外忽传收蓟北，初闻涕泪满衣裳。
却看妻子愁何在，漫卷诗书喜欲狂。
白日放歌须纵酒，青春作伴好还乡。
即从巴峡穿巫峡，便下襄阳向洛阳。

本诗作于诗人漂泊四川之际，"剑外"即剑门关以南，这里指四川。本诗表达了诗人长期漂泊终可归乡的极度喜悦，特别是"白日放歌须纵酒，青春作伴好还乡"一句，紧承颔联，从生活细节上细致地刻画了诗人的狂喜。"白日"一反战乱阴霾，以明亮天光象征心境的豁然开朗。"放歌""纵酒"，突破儒家"节制"的常态，以近乎失态的狂欢宣泄压抑多年的悲苦，展现出归乡的急切，表现了诗人真挚的爱国情怀。

## 杜工部蜀中离席
### （唐）李商隐

人生何处不离群？世路干戈惜暂分。
雪岭未归天外使，松州犹驻殿前军。
座中醉客延醒客，江上晴云杂雨云。
美酒成都堪送老，当垆仍是卓文君。

此诗乃诗人于宣宗大中六年（852年）时所写，当时李商隐要离开成都，返回梓州，于是在饯别宴席上写下此诗。诗歌描绘了战乱时候与朋友惜别的感伤，同时也表达了诗人忧国忧民、感时伤势的思想感情。

杜工部，即杜甫。这里表明是模仿杜诗风格，因而以"蜀中离席"为题。"美酒成都堪送老，当垆仍是卓文君"，末联紧扣"蜀中离席"的诗题，话题回到饯别。有人说这是主人留客之语，如此美好的成都生活，何忍远离？其实"美酒""卓文君"这些陈述看似宽慰或向往美好的生活，却是反衬诗人生活漂泊、家国无依的沉重心情。同时又暗指时事堪悲，一些人却沉迷于酒色，流连忘返，着实让人不齿。从表面看是赞美，但实际上蕴含着诗人对"醉客"的婉讽。

川酒与诗、与诗人结下了不解之缘，一篇篇赞颂巴蜀美酒的佳言绝句，形成了特有的川酒文化。诗人们将自己的思想行为、生活情感、政治抱负融入了酒的文化当中，饮酒也由一种日常生活习惯变为一种具有多层意蕴的复合意象，酒文化由一种单一的文化形式发展成为具备情感功能、表意功能、指代功能的文化符号。它所积累的情感与深层的文化心理，成为一种为创造者和接受者共同认同并应用的、承载丰富的象征主义文化的载体。川酒蕴含的此种深厚的人文精神，是川酒得以发展、兴盛的文化根源。

### （三）学科融合探究

了解了川酒的文化知识以后，班级拟举办"保护川酒历史，弘扬川酒文化"主题班会活动，请同学们为川酒"六朵金花"各写一句品牌推介词，扩大品牌影响，弘扬川酒文化。

## 二、初中化学中的巴蜀美酒

### （一）化学课程中的酒

1. 汽化

教科版物理八年级上册第五章第三节中学习了汽化和液化的相关知识，这节内容与巴蜀白酒酿造工艺有密切的关系。白酒是利用粮食发酵，使淀粉糖化，再通过酒精发酵制作而成的。酒精发酵后含有很多杂质，酒精含量很低，需通过蒸馏取酒的过程使酒精的纯度更高。所谓蒸馏取酒就是通过加热发酵后的液体，利用各种物质沸点的不同，使酒精从原有的混合液中分离。通过物理教材查表可知，在标准大气压下水的沸点是100℃，酒精的沸点是78.3℃，将混合液体加热至两种温度之间就会使酒精从液态变为气态，从而使酒精和水分离，再通过冷凝装置将气态酒精液化，辅以相应制酒工艺形成高酒精含量的酒品。（见图3-1、图3-2）

2. 液化

教科版物理八年级上册第五章第三节汽化与液化中提到了实验探究汽化、液化中的吸放热，从教材中可以看到实验过程：加热左方试管使水吸热沸腾，再经过冷凝管遇冷液化，最后液体被收集在右方试管中。（见图3-3）这个过程和白酒的冷却收集的原理是相同的，白酒也是在过汽管中将酒精蒸汽遇冷液化成液体蒸馏酒从而提纯酒精。（见图3-4）生活中烧水壶盖子上的小水珠、夏天冷饮周围的白气也是这个原理。

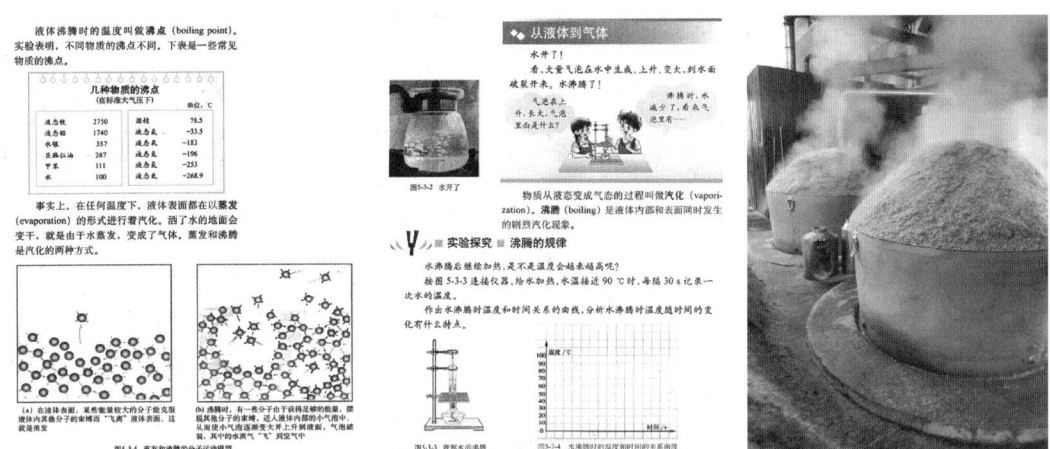

3-1　教科版物理八年级上册第102-103页节选

3-2　白酒的蒸馏

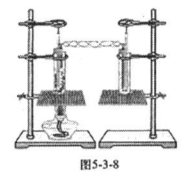

图3-3　教科版物理八年级上册104页节选

图3-4　白酒蒸馏冷却装置

## 3. 比热容

教科版物理九年级上册第一章第三节比热容（见图3-5）中讲到，水是比热容最大的物质，相同质量的水升高相同温度比其他物质吸收的热量更多，因此水常作为冷却剂。在白酒冷却过程中，也是利用水作为冷却剂使温度较高的酒蒸汽液化成液体酒。农业生产中也是利用水作为保温剂，保护植物在夜晚不被冻伤。

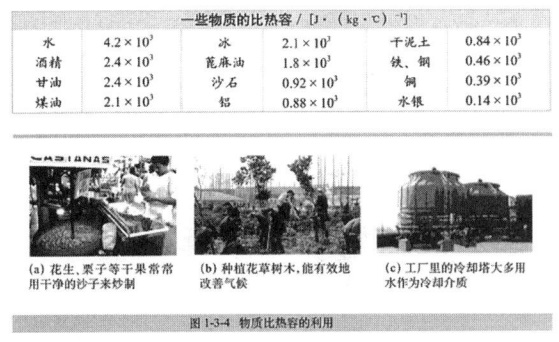

图3-5　教科版物理九年级上册15页节选

## （二）巴蜀美酒中的化学知识

巴蜀酒文化源远流长，白酒酿造工艺的历史可追溯到3000多年前的古蜀时期。三星堆遗址中出土了大量的酿酒工具和酒器，证明了蜀国酒业发展的繁荣。汉朝有至今让人称颂的美谈"文君当垆，相如涤器"，讲述的就是蜀郡人士司马相如与卓文君酿酒为生的故事。晋代用竹子配以米和曲等原料酿出备受称赞的郫筒酒。唐代剑南节度使进驻成都，四川绵竹酿产的剑南酒闻名全国。宋元时期由于成都商业繁荣，带动了酒市发展鼎盛，因此出现了锦江春、鹅黄酒、荔枝绿、蜜酒等。明代时期，成都市老东门大桥外的水井街上屹立着一家有名的酿酒作坊，名为"水井坊"，这间酒坊至今仍是我国现存最完整的古代酿酒作坊遗址。纵观整个历史，巴蜀酿酒受益于独特天然的气候环境、长久的酒文化积淀，以及不断改进的酿造技术，使巴蜀如今享有"中国酒乡"的美名。

酒作为五千年历史文明中一种独有的文化载体，在人类历史中占有独特的地位，历经千年的传承和发展，酒已经是好友聚会、结婚迎亲等时刻的重要饮品。不过喝酒虽好但要适量，因为酒中含有杂醇油、甲醇、醛类等有害物质，长期大量饮酒会危害健康。

## （三）学科融合探究

在《回到未来Ⅲ》的电影场景中，在汽车没有汽油的危急时刻，布朗博士用酒精代替汽油，并使汽车能够正常行驶，请学生思考原因是什么。

# 三、初中地理中的巴蜀美酒

## （一）地理课程中的酒文化简介

在人教版地理教材八年级下册第五章"中国的地理差异"的阅读资料中，要求学生了解我国服装、饮食、居民地方特色，理解自然环境对于地方文化的影响。

酒无疑在巴蜀文明与中原文明交流中具有独特地位，形成了独具特色的巴蜀酒文化。如在明清流传下来的竹枝词中，可见酒与巴蜀地区有紧密的关联。如《成都年景竹枝词》云："茶点才过又酒盘，共连摆饭是三餐。腌鸡腊肉尝俱变，尚说连朝胃不安。"此处的"酒盘"指摆上酒席，由此就能发现巴蜀之地男子乐于饮酒，茶点刚过就又开始喝酒，纵使"胃不安"也乐在其中。

## （二）巴蜀酒文化中的地理知识

巴蜀地区地理位置优越，物产丰盈。自古以来，"巴人善酿，蜀人善饮"。三星堆出土的文物中，精美青铜酒器屡见不鲜。酒在巴蜀地区的生产历史悠久，川酒可考的历史可以上溯至3000多年前传说中古蜀国的蚕丛、鱼凫时代，早在唐宋时期，巴蜀大地的酿酒生产就已达到了较高的专业分工协作程度，到明代更是出现了具有较大规模的白酒生产活动及工艺。

巴蜀人民在酒的酿造上占有绝佳的地理优势，气候温和，物产丰富。不仅粮食产量高，而且品类齐全。

1. 粮食：高粱、大米、糯米、小麦、玉米

（1）高粱：

酿酒的主要原料之一——高粱，原产于热带，是短日照喜温作物，在生育期所适宜的温度为20~30℃。最早的种植地在四川，因而古称"树篱"，至今在泸州、宜宾一带种植较为普遍，这便为巴蜀地区两大酒业——五粮液、茅台的发展提供了坚实基础。

（2）水稻：

水稻喜欢高温，幼苗发芽的最适温度为28~32℃，穗分化的适宜温度在30℃。适合生长在短日照环境下，喜湿润，植株全生长季需水量为700~1200毫米。巴蜀地区为亚热带季风气候，温暖湿润，雨量适中，土地肥沃，能为巴蜀美酒酿造提供优质大米。

（3）玉米：

玉米的植株高，叶面积大，需水量较多。玉米生长期间最适降水量为410~640毫米。一般认为夏季降水量低于150毫米的地区不适于种植玉米，而降水过多，影响光照，增加病害、倒伏和杂草危害，也影响玉米产量和品质的提高。四川盆地玉米种植区主要集中在盆地周边山区、高海拔地区，主要以巴中、攀枝花、凉山州为主。

2. 水源

随着时代的发展，不论是传统的酿酒工艺还是现代新工艺，对酿酒用水的要求都十分严格。酿酒在制曲、制酒母、生产发酵、勾兑、包装等方面都要用到水，生产用水质量的优劣，直接关系到糖化发酵是否能顺利进行和成品酒质的优劣。所以说"水是酿酒的血液"。

据《礼记·月令》记载："水泉必香。"《醉翁亭记》中曰："酿泉为酒，泉香而酒洌。"酒的香味成分中含有100余种微量元素，其中许多源于水。在碱度方面用水的标准应该为pH6~8（中性）为好。碱度是指水中碱性物质的总量，主要包括碱土金属中的钙、镁、亚铁、锰、锌等盐类，水中适当的碱度可降低酒醅的酸度。质量较好的泉水

硬度在80以下，白酒酿造水一般在硬水以下，也就是80以下的硬度最优。

四川盆地的河流属于长江水系，长江的几大支流，如岷江、沱江、嘉陵江都位于四川盆地内，泉水硬度在80以下，水质优良、无色、无异味，pH值适中，有利于糖化、酯化和发酵，软硬度适宜，能促进酵母的生长繁殖。如泸州凤凰山下的龙泉井水，四季常满，清洌微甘，是凤凰山地下水与泉水的混合，是美酒酿造的上乘之选，也成就了泸州老窖这一国民品牌。

3. 窖藏条件

高品质白酒一般为窖藏和洞藏，最理想的环境湿度在70%左右为宜，温度为10~15℃，不过最重要的是温度需恒久稳定。

图3-6　白酒窖藏

## （三）巴蜀名酒

四川白酒历史悠远，最有名的是"六朵金花"，即五粮液、泸州老窖、剑南春、全兴大曲、郎酒、沱牌曲酒。在传统名酒中还有配以多种中药制成的郫筒酒。以下以全兴大曲和郫筒酒为例来介绍巴蜀名酒。

1. 全兴大曲

全兴最早可追溯到650年前。它源自元末明初巴蜀地区极负盛名的美酒——锦江春，以酒香醇甜、爽口尾净而远近闻名，畅销各地。诗人冯家吉在《薛涛酒》中咏道，"枇杷深处旧藏春，井水留香不染尘"，锦江春变身福升全佳酿"薛涛酒"，门庭若市。1824年，成都老字号"福升全"更名"全兴成"。

1990年，成都酒厂改制成立全兴集团。（原址见图3-7）2013年12月1日，中国轻工业联合会和中国食品发酵工业研究院联合确认了全兴的新风格类型——"和润型"白酒，首次确立了全兴大曲"和润型"风格特征，即清雅、和顺、圆润、悠长。

图3-7　四川省成都酒厂原址

2．郫筒酒

巴蜀历史上，郫县出产一种特殊的郫筒酒，为史家津津乐道。据《华阳风俗录》中记载："郫署有池，池旁有大竹，郡人刳其节，倾酿于筒，苞以藕丝，蔽以蕉叶，信宿香达于林外，然后断之，俗号郫筒酒。"用竹筒酿酒是郫县人的一个智思巧创，在中国酒史上别具风韵。

郫筒酒起源于"竹林七贤"之一的山涛。郫筒酒是经过三次重酿发酵的酒，山涛深谙养生之道，他创造性地发明第一次发酵拌入八味中草药秘制的药酒曲，主要依靠糖化作用；第二次发酵要拌入三十六味中草药秘制的麦曲以及醁醾花，主要起到增香、着色、呈味，抑制有害细菌生长的作用；第三次发酵是将酒液灌入新鲜慈竹筒，用蕉叶封口，以此产生特别的呈香呈味物质。属于低度数造酒，酒色清冽，口感清甜，具有独特的营养价值和保健功能。经古法酿造而成的郫筒酒，度数在15°左右，酒液微微发甜，色如琥珀，清香弥久。

图3-8　郫筒酒家

郫筒酒的酿制全程选用纯天然原材料，特别是充分利用了中草药、醪糟花、慈竹筒这些郫都本土特有的天然原材料，使得郫筒酒风味独特，独领风骚上千年。

### （四）学科融合探究

了解巴蜀地区哪些地方文化被列入《世界遗产名录》，通过对巴蜀酒文化的学习，培养学生对巴蜀大地的热爱之情。请学生选取五粮液、泸州老窖、剑南春、全兴、郎酒、沱牌这"六朵金花"之一完成研学活动方案设计。

# 第二节 自贡井盐

## 一、初中地理中的自贡井盐

### （一）地理课程中的自贡井盐简介

《义务教育初中地理课程标准》在"认识中国的分区"中要求："运用地图和相关资料，说出某区域的地理位置和自然地理特征，说明自然条件对该区域经济社会发展的影响，认识因地制宜的重要性。说明自然环境与地方文化、景观之间的关系。"本节将探索自贡井盐及盐帮菜如何在因地制宜地开发自然资源的同时还对地域文化产生影响。

提到盐，很多人都会认为它们产于海边，如我国沿海的大型晒盐基地长芦盐场、莺歌海盐场等，但我们要说的井盐却产自四川盆地南部——自贡市的地下。井盐晶莹剔透、洁白如玉，氯化钠纯度高于99%，同时含有种类繁多的矿物和微量元素。自贡井盐是通过打井提取地下的盐卤水烧煮而成的。自贡，川南区域中心城市，地处四川盆地南部，为四川省辖地级市，成渝经济圈南部中心城市，享"千年盐都"之美誉，管理自流井、贡井、大安、沿滩四区和荣县、富顺两县。釜溪河在自贡城中蜿蜒而过，成为新城区与旧城区的自然分界线。

在自贡地区起伏的丘陵间先后开凿了一万多口盐井，高高矗立的井架天车、蜿蜒密布的输盐管道、热火朝天的煮盐灶房、悠扬的盐工号子，这些符号让自贡井盐成为中国盐业家庭最为奇特的一员。在抗日战争时期，中国东部沿海大部分地区被日本占领，为了打破日军"盐遮断"，自贡盐场顶着日军飞机轰炸生产了全国四分之一的盐，为抗日战争的胜利作出了不可磨灭的贡献。

第三章　巴蜀美食文化

图3-9　1929年自贡煮盐工作场景

## （二）自贡井盐中的地理知识

井盐的盐卤水从何而来呢？在初中地理七年级上册教材中的"海陆变迁"部分，学生学习了"沧海桑田"的现象、大陆漂移说和板块构造学说、地壳的变动、海平面的升降，了解了人类活动都是造成海陆变迁的原因。在两亿年前，地球上各大洲是相互连接的一块大陆，后来原始大陆才分裂成几块大陆，缓慢地漂移分离，逐渐形成了今天的七大洲。

远古时期，四川盆地被茫茫沧海所淹没。大约2.5亿年前，地球正处于三叠纪，地球上只有一块巨大的大陆——盘古大陆。而在这块伟大的大陆的东北部，有一片较浅的海洋被大陆环绕着，如同一块"地中海"，古地理学家把这片海洋命名为"古特提斯洋"。这块"古地中海"由于缺乏与大洋的海水交流，并且纬度比较低，所以盐度较高。后来发生了印支造山运动，南方的华南板块逐渐抬升，使这片浅海更加闭塞，形成了一个闭塞的滨海环境，海水不能与外界交流，海盐也因此留了下来。

069

三叠纪的剧烈地壳运动使盆地周边地形隆起，海水逐渐退出了大陆。大量淡水河流注入，湖水灌满了四川盆地，被称为"巴蜀湖"。随着持续的地壳抬升和断层发育，气候炎热干燥，巴蜀湖经剧烈蒸发缩小为高盐度的盐湖。后来这些盐分被泥沙掩埋保存在地层中，形成地下深处的高盐卤水和盐岩矿床。

### （三）学科融合探究

（1）查阅自贡地图相关的资料，说出自贡地理自然特征，说明该地自然条件对自贡盐业经济社会发展的影响。

（2）结合抗日战争时期川盐接济湖南、湖北的历史事件，谈一谈川盐运输的交通路线。

（3）买一包自贡井盐，查阅一道盐帮菜，尝试在家烹饪美食。

## 二、初中物理中的自贡井盐

### （一）物理课程中的自贡井盐简介

在教科版物理教材八年级下册第十一章中学生学习了"机械与功"。教材中介绍到，"人类用智慧创造了机械，机械以其强大的力量和人力无法比拟的做功效率改变了世界，造福了人类"。机械种类繁多，结构复杂，为了方便研究，人们将机械的各种构件归并为杠杆、滑轮、轮轴、斜面、螺旋等，并把它们称为简单机械。古人对机械的应用涉及杠杆、滑轮的使用，自贡的采盐设备是其中杰出的代表之一。

自贡早在两千年前便有了汲卤制盐的传统。在自贡的众多制盐场中，不得不提的就是燊（shēn）海井（桑海井、燊海井古法制盐遗址见图3-10）。它是世界上第一口千米深的盐井，位于四川省自贡市大安区大安街289号，占地面积3亩，盐井海拔341.4米，开凿于清道光三年（1823年），凿成于道光十五年（1835年），历时13年凿成。凿成时井深1001.42米，随后几经加深达到现井深1100米。

### （二）自贡井盐中的物理知识

燊海井采用冲击式顿钻法进行开掘，是一口天然气和卤水同采的高产井，它的主要建筑有碓房、大车房和灶房等，主要生产设备有碓架、汲卤筒、井架等。燊海井的开掘和食盐的生产过程都包含了丰富的物理知识。

图3-10 井盐生产图

## 1. 燊海井的开掘原理（冲击式顿钻法）

据记载，冲击式顿钻法的施工类似于古代的舂米，与其不同的是它的锥头下方吊着一种特殊的圆锉（见图3-11），里面装有一把直刃。图3-12中呈现的就是碓房中用来固定圆锉的碓架，这种碓架就是一种简易的机械装置。凿井时当人在碓架横梁上一侧（图3-12右侧）一脚一脚地踩动（此过程又称为捣锉）时，碓架横梁另一侧（图3-12左侧）的锉不断地被高高吊起，然后依靠自身的重力不断地冲击地下的泥土和岩石，圆锉每冲击一次之后就换一个角度，继续重复以上的操作，这样以便锉内的直刃把井底的岩石击碎，从而完成凿井。像这种在力的作用下能够绕着支撑点转动的坚实物体实际上就是物理学中讲到的杠杆，它属于简单机械的一种。

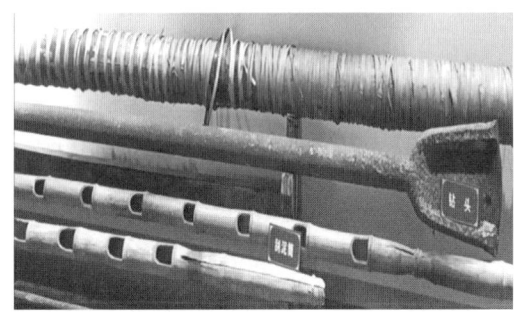 

图3-11 圆锉　　　　　　　　　　　图3-12 碓架

## 2. 汲卤筒

汲卤筒，又称"推水筒"，井盐生产器具，是提卤的关键设备。一般10多米长，略细于井口，多选用直径10厘米左右的楠竹，将竹节打通。上部做成连接帽，以连接吊索；中部为筒身，是盛卤水的主体；下部为筒脚，用牛皮制成控制卤水的阀门（见图3-13）。汲卤筒进入井下时，在液体内部存在各个方向的压强，因此筒底会受到卤水施加的一个向上的压力,在液体压力的作用下,底部阀门被冲开,卤水便顺利进入汲卤筒(见图3-14)。向上提起汲卤筒时,卤水产生的向下重力大于筒底向上的压力,筒底阀门又会自行关闭(见图3-15)。这样一桶卤水就被打上来了。在整个提水过程中,需要利用到物体间力的作用是相互的、液体内部的压强等知识。

图3-13 卤水阀门

图3-14 汲卤筒

图3-15 筒底阀门

3. 井架

井架又称"天车""A"字形井架(见图3-16),是中国井盐生产中汲卤的重要生产设施。井架竖立于盐井井口之上,一般由支撑、汲卤、治井三大系统构成。打好的卤水质量非常大,为了更好地转运打上来的卤水,常常在井架的顶端和底部装有一些滑轮(见图3-17),最后再将绳子缠绕在辘轳(见图3-18)上面,这样可以非常容易地运输打起的卤水。像这种在使用的时候位置始终固定不动的滑轮被称为定滑轮,它只能改变绳子的用力方向而不能省力,但是配合上轮轴(辘轳)的使用却能够大大地省力。

图3-16 井架

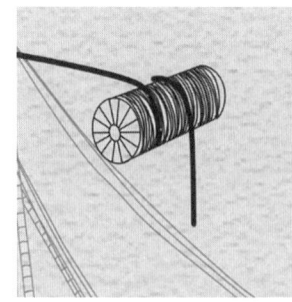
图3-17 井架连接处的滑轮

图3-18 辘轳

不管是冲击式顿钻的技术使用,还是力的作用的相互性,抑或是滑轮的牵引利用,都体现出我国古代巴蜀人民的伟大智慧。

## （三）学科融合探究

认识了自贡井盐的开采设备以后同学们对简单机械有了一定的了解，请学生用自己所了解的知识自主设计一个沉船打捞设备。可以采用录视频的方式记录制作过程并与身边的同学互相交流作品。

## 三、初中化学中的自贡井盐

### （一）化学课程中的自贡井盐简介

在人教版化学教材九年级下册第十一单元中学生学习了"盐"。

九年级下册教材第72页中介绍到"氯化钠是重要的调味品，炒菜时如果不放食盐，菜将食之无味。氯化钠也是人的正常生理活动所必不可少的……氯化钠在自然界中分布很广，除海水中含有大量氯化钠等，盐湖、井盐和盐矿也是氯化钠的来源"。（见图3-19）

而数千年前的古蜀人，是如何得到这些盐分的？我们川渝地区又有哪些知名的盐产地？刚开采出来的盐分又如何变成我们所食用的精盐？这些问题都值得我们深思。

> **一、氯化钠**
>
> 氯化钠是重要的调味品，炒菜时如果不放食盐，菜将食之无味。氯化钠也是人的正常生理活动所必不可少的。人体内所含的氯化钠大部分以离子形式存在于体液中。钠离子对维持细胞内外正常的水分分布和促进细胞内外物质交换起主要作用；氯离子是胃液中的主要成分，具有促生盐酸、帮助消化和增进食欲的作用。人们每天都要摄入一些食盐来补充由于出汗、排尿等而排出的氯化钠，以满足人体的正常需要（每人每天约需3~5 g食盐）。但长期食用过多食盐不利于人体健康。

图3-19 九年级下册人教版化学教材第72页节选

### （二）自贡井盐中的化学知识

四川人提起井盐，很自然地就会想起"自贡井盐"这个响当当的名字。自贡开采井盐已有2000年历史，前后共开凿盐井1.3万口，除著名的大公井、焰阳井、东源井（见图3-20）等遗址外，还有世界上第一口超千米的深井——燊海井，它比西方现代石油钻井技术早几十年。

图3-20　自贡东源井

四川自贡井盐的采卤制盐史可以追溯到东汉章帝时期（76—88年），当时人工挖掘是采盐的主要方法，所以盐的生产量极低，盐的质量也不理想。北宋庆历年间（1041—1048年），四川劳动人民从人工开凿发展为机械开凿，采盐速度大大提高。明清时期，顿钻凿井的完整工艺逐渐形成，产盐过程从传统方法（自然蒸发、人工熬煮、经验性添加净化剂），发展到现代方法（真空蒸发、离心分离等技术），化学净化步骤变得更精确。这就使得自贡在清咸丰、同治年间，成为川井盐业的中心，其井盐销往四川省其他地区及云南、贵州、湖南、湖北四省，供约1/10的全国人口食用。抗日战争期间，自贡人抓住两次"川盐济楚"的历史机遇，开创了盐业发展的"黄金时期"，使自贡成为赫赫有名的盐都。

人教版化学教材九年级下册第72页中提到"氯化钠的用途很多。例如，医疗上的生理盐水是用氯化钠配制的；农业上可以用氯化钠溶液来选种；工业上以氯化钠为原料来制取碳酸钠、氢氧化钠、氯气和盐酸等。此外，还可用食盐腌渍蔬菜、鱼、肉、蛋等，腌制成的食品不仅风味独特，还可延长保存时间。公路上的积雪也可以用氯化钠来消除，等等"。正因为有了氯化钠的诸多用途，盐与人类生存是分不开的，所以在我国首批国家非物质文化遗产名录中，就有自贡的井盐深钻萃取技艺。

我国历朝历代的食用盐以井盐、矿盐、池盐和海盐为主，其中井盐由于内陆水体沉积，通常采地下卤水，以打井的方式放入大锅中熬制，熬干水分后留下的结晶即为井盐。这时得到的井盐，在化学中被称为"粗盐"，其中含有大量的不可溶性杂质，如泥沙等，还有大量的可溶性杂质，如氯化镁、氯化钙等，是毫无疑问的混合物。

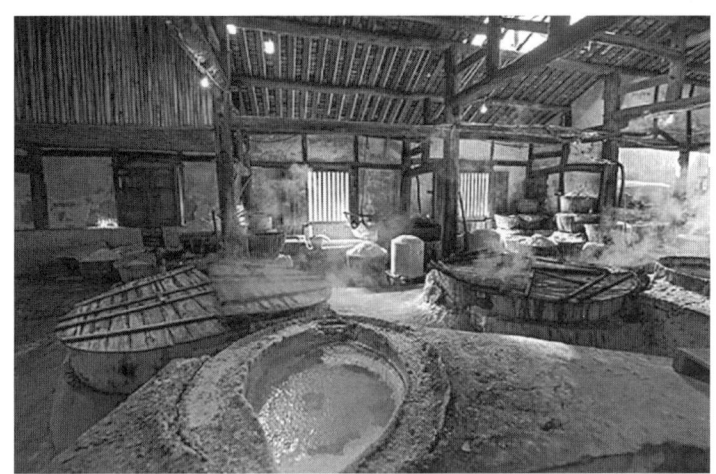

图3-21　卤水制盐

人教版化学教材九年级下册第73页中提到“粗盐中含有多种可溶性杂质（氯化镁、氯化钙等）和不溶性杂质（泥沙等）。粗盐通过溶解、沉淀、过滤、蒸发、结晶等处理，可以得到初步提纯。”（见图3-22）

通过晾晒海水或煮盐井水、盐湖水等，可以蒸发除去水分，得到粗盐。粗盐中含有多种可溶性杂质（氯化镁、氯化钙等）和不溶性杂质（泥沙等）。粗盐通过溶解、沉淀、过滤、蒸发、结晶等处理，可以得到初步提纯。

图11-1　盐田

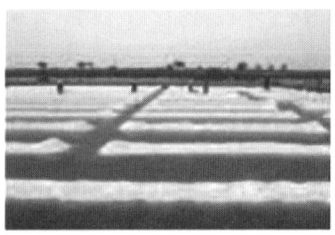

图3-22　人教版化学教材九年级下册第73页节选

于是人教版九年级下册化学教材特意在第87页设置了实验活动，让学生能更好地体验固体混合物初步提纯的实验过程及学习蒸发操作技能，巩固溶解、过滤操作技能，切实感受劳动人民的聪明才智。（见图3-23）

## 实验活动8　粗盐中难溶性杂质的去除

【实验目的】

1. 体验固体混合物初步提纯的实验过程。
2. 学习蒸发操作技能，巩固溶解、过滤操作技能。

【实验用品】

烧杯、玻璃棒、蒸发皿、酒精灯、漏斗、药匙、量筒（10 mL）、铁架台（带铁圈）、托盘天平、滤纸、火柴。

粗盐。

图3-23　人教版化学教材九年级下册第87页节选

值得注意的是，上述操作仅仅除掉了粗盐中的难溶性杂质。其中还有很多可溶性杂质，除主要成分氯化钠（NaCl）外，还有碳酸氢钙[$Ca(HCO_3)_2$]、碳酸钙（$CaCO_3$）、氯化镁（$MgCl_2$）、氯化钙（$CaCl_2$）、碳酸钠（$Na_2CO_3$）、硝酸钠（$NaNO_3$）、亚硝酸钠（$NaNO_2$）等物质。因此，上述流程得到的盐叫作精盐。要想得到较为纯净的氯化钠，还需要进行最重要的一步——精盐提纯（过程见表3-1和图3-24）。

精盐提纯的实质，实际上是离子共存问题。简单回顾复分解反应的定义，结合人教版化学教材九年级下册第75页可知，"只有当两种化合物互相交换成分，生成物中有沉淀或有气体或有水生成时，复分解反应才可以发生"。所以离子共存问题，就是判断离子之间是否发生复分解反应。

精盐的提纯要遵守三大原则——"不增，不减，易分"，即不增加新的杂质物质，不减少所需要的物质，及杂质物质易于分离。而方法也很简单，就是向混合物（精盐）中加入化学试剂，让杂质离子转化为气体、沉淀或水被除去。

精盐中含量较多的三大杂质物质分别为氯化镁（$MgCl_2$）、氯化钙（$CaCl_2$）和硫酸钠（$Na_2SO_4$）。其中所对应的杂质离子则为镁离子（$Mg^{2+}$）、钙离子（$Ca^{2+}$）和硫酸根离子（$SO_4^{2-}$）。想要除去镁离子（$Mg^{2+}$），最好的方法是将其转化为氢氧化镁[$Mg(OH)_2$]沉淀；除去钙离子（$Ca^{2+}$），最好的方法是将其转化为碳酸钙（$CaCO_3$）沉淀；除去硫酸根离子（$SO_4^{2-}$），最好的方法是将其转化为硫酸钡（$BaSO_4$）沉淀。

又因为不宜引入新的杂质离子，所以在选择时最好是用钠离子（$Na^+$）和氯离子（$Cl^-$）去与之配套使用。所以最终选择的三种物质分别为氢氧化钠（NaOH）、碳酸钠（$Na_2CO_3$）和氯化钡（$BaCl_2$）。

表3-1　离子共存问题的应用——精盐除杂

| 杂质物质 | $MgCl_2$ | $CaCl_2$ | $Na_2SO_4$ |
| --- | --- | --- | --- |
| 杂质离子 | $Mg^{2+}$ | $Ca^{2+}$ | $SO_4^{2-}$ |
| 加入离子 | $OH^-$ | $CO_3^{2-}$ | $Ba^{2+}$ |
| 加入物质（过量） | NaOH | $Na_2CO_3$ | $BaCl_2$ |
| 生成沉淀物质 | $Mg(OH)_2$ | $CaCO_3$ | $BaSO_4$ |

因为不确定具体杂质的量的多少，所以在加入除杂物质时必须加入足量的物质，但这也会使多余的除杂物质残留下来，成为新的杂质。因此，在三种除杂物质的添加过程中，一定要重点考虑加入的先后顺序。如果后加入的物质除了能除去原本的杂质，还能

把之前加入的除杂物质一同除去,便是最好的情况。

仔细观察会发现,加入碳酸钠($Na_2CO_3$)多出来的碳酸根离子($CO_3^{2-}$),除了与钡离子($Ba^{2+}$)结合反应生成碳酸钡($BaCO_3$)以沉淀的形式被分离出来,还可以与酸反应生成二氧化碳($CO_2$)气体离开整个体系。因此提纯精盐只需要保证碳酸钠($Na_2CO_3$)是在氯化钡($BaCl_2$)后面加入,再加入稀盐酸(HCl)即可。

我们先向精盐溶液中加入过量的氯化钡($BaCl_2$),以除去硫酸根离子($SO_4^{2-}$):

$$BaCl_2+Na_2SO_4=2NaCl+BaSO_4\downarrow$$

随后加入过量的氢氧化钠(NaOH),以除去镁离子($Mg^{2+}$):

$$MgCl_2+2NaOH=2NaCl+Mg(OH)_2\downarrow$$

接着加入过量的碳酸钠($Na_2CO_3$),以除去钙离子($Ca^{2+}$)和钡离子($Ba^{2+}$):

$$CaCl_2+Na_2CO_3=2NaCl+CaCO_3\downarrow$$

$$BaCl_2+Na_2SO_3=2NaCl+BaCO_3\downarrow$$

再加入适量或者过量的稀盐酸(HCl),以除去碳酸根离子($CO_3^{2-}$)和氢氧根离子($OH^-$):

$$2HCl+Na_2CO_3=2NaCl+H_2O+CO_2\uparrow$$

$$HCl+NaOH=NaCl+H_2O$$

最后对溶液进行加热,其中多余的水和盐酸均会受热蒸发离开整个体系,从而得到纯净的氯化钠(NaCl)晶体。

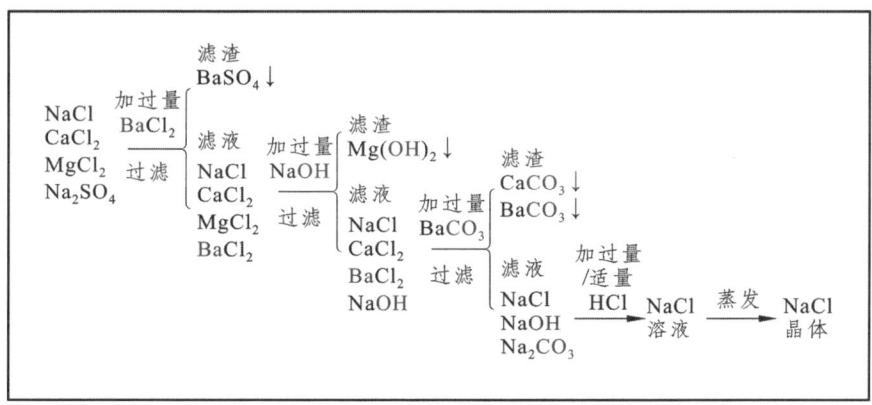

图3-24 精盐提纯过程

## (三)学科融合探究

盐乃百味之祖,盐井承载和积淀了太多的历史,很多的文化和理念都得到了发展和成熟,而我们所说的井盐文化正是这些的集合。井盐文化是盐商文化、盐工文化、盐政文化相互交融的总和，是自贡井盐生产发展中形成的行业、社区、民俗文化。

氯化钠在生活、生产中的用途非常广泛，请学生结合本课所学知识，结合查阅报纸、书刊、网络和访谈等，以"氯化钠的妙用"为题编制资料卡片，并与同学分享。

# 第三节　川渝泡菜

## 一、初中化学中的川渝泡菜

### （一）化学课程中的川渝泡菜

四川泡菜，又名泡酸菜。《辞海》第7版对"泡菜"的诠释是"蔬菜在淡盐水中密封浸渍使其中的糖类发生乳酸发酵而成的制品"。川渝因其特殊的地理优势及特殊的气候条件，造就了川渝泡菜不同于其他地方泡菜的风味和口感。

川渝泡菜的制作历史有一两千年了。据考证，《周礼》中就有记载，三国时期就有泡菜坛，北魏的《齐民要术》中记有用白菜制酸菜的方法。《诗经·小雅·信南》中也有"中田有庐，疆场有瓜，是剥是菹，献之皇祖"的诗句。

川渝泡菜按泡制时间又可分为滚水菜和深水菜。滚水菜又叫"洗澡菜"，意即在泡菜水里呆一两天即成，需要随泡随吃，泡长则变酸的，比如萝卜皮儿、莴苣条、叶类等；至于深水菜，顾名思义就是那些可以在泡菜水里常呆的，比如仔姜、蒜、泡椒等。

图3-25　川渝泡菜

图3-26　川渝泡菜坛

提到泡菜，这里不得不提到其中含有的一种非常重要的物质——亚硝酸钠（$NaNO_2$）。

2021年11月底的一个深夜，中南大学湘雅三医院儿科重症监护室收入了三名患者小朋友。值班医生被告知孩子在自家晚饭后出现阵发性腹痛，并伴有呕吐、乏力等症状，一同进餐的母亲和外婆也有类似症状。医生仔细询问后得知，患者外婆在路边捡到一袋白色粉末状物质，味咸，就认为是食盐带回了家，做晚餐时将其加入饭菜中调味。

医生根据患者病史及临床表现，尤其是群体性发病的特点，考虑亚硝酸盐中毒的可能性极大。入院后，医生立即为他们进行洗胃、氧疗、大剂量维生素C还原高铁血红蛋白、补液等治疗，在约1小时后，患者症状得到缓解。

随后疾病预防控制中心将其外婆捡回来的"白色粉末"进行分析。结果显示，其$NO_2^-$（亚硝酸根离子）浓度达667.3g/kg，远高于食品限量20mg/kg，确诊此次群体中毒事件为"亚硝酸盐中毒"。

亚硝酸盐实际是一类无机化合物的总称，主要指亚硝酸钠（$NaNO_2$），为白色或淡黄色结晶或粉末，味咸，易溶于水，在工业和建筑业中广为使用，因其外观酷似食盐、白糖，易被误食中毒。

家里腐烂的蔬菜、长期存放的剩菜、大量刚腌制的泡菜及多年存放的泡菜等中均有亚硝酸盐的存在，且随时间的增长，其中的亚硝酸钠含量会越来越多。所以在生活中一定要保证食品的新鲜。

### （二）学科融合探究

（1）对比四川盆地（湿润气候）与北方地区的泡菜制作差异，分析温度、湿度对发酵的影响。

（2）观察泡菜中亚硝酸盐的含量变化。

## 二、初中生物中的川渝泡菜

### （一）生物课程中的川渝泡菜

在北师版义务教育教科书生物学七年级上册的"植物细胞失水"部分，教材90页中有关于"探究植物细胞的吸水和失水"的活动，结论说道：当细胞液浓度大于土壤浓度时细胞吸水，当细胞液浓度低于土壤浓度时细胞失水。

在八年级上册的"微生物在生物圈当中的作用"部分，教材58页中提到"一些细菌和真菌可以分解枯叶、动物粪便获得生活物质和能量，这类腐生性微生物是生态系统的分解者，对生态系统的物质循环起着不可替代的作用"。

在八年级下册教材的"发酵技术"部分，教材109页中提到"以动植物产品为原料，通过微生物作用的发酵技术，可以生产出人们喜爱的风味食品和饮料"。111页提到乳酸菌可以用来制作酸奶，而著名的川渝泡菜也主要是利用乳酸菌发酵制作的。

### （二）川渝泡菜中的生物学知识

1. 微生物与发酵作用

（1）乳酸菌的特性分类：乳酸菌属于细菌，是原核生物，无成形细胞核。

（2）呼吸及发酵原理：乳酸菌进行无氧呼吸（发酵），在这一过程中，乳酸菌将蔬菜中的糖类（主要是葡萄单糖或双糖）转化为乳酸，并释放少量能量。

（3）发酵条件：其发酵需要无氧环境，所以泡菜制作需用密封容器隔绝氧气，以促进乳酸菌繁殖。

2. 细胞结构与功能

泡菜卤水盐浓度高，会使蔬菜细胞失水，蔬菜质地因此变脆。细胞膜具有控制物质进出的功能，在高盐环境下，能抑制腐败菌。

3. 生态系统中的分解者

（1）乳酸菌的角色：乳酸菌在其中充当分解者的角色，能分解蔬菜中的糖类，促进有机物转化为无机物（乳酸），参与物质循环。

（2）能量流动：发酵过程中释放的能量虽未被人类利用，但可维持微生物自身的生命活动。

4. 食品安全与健康

在泡菜腌制初期（3~7天），亚硝酸盐含量达峰值；腌渍后期（20天后），亚硝酸盐逐渐降解。由于过量摄入亚硝酸盐可能致癌，因此需合理控制泡菜的食用时间。

### （三）学科融合探究

探究川渝泡菜制作过程中的微生物发酵原理。让学生分组进行泡菜制作实验，观察泡菜在制作过程中发生的变化，包括颜色、气味、口感等。

# 第四节 四川茶叶

## 一、初中语文中的四川茶叶

### （一）语文课程中的茶文化

2022年11月29日，"中国传统制茶技艺及其相关习俗"列入联合国教科文组织人类非物质文化遗产代表作名录，对于弘扬中国茶文化很有意义。要扎实做好非物质文化遗产的系统性保护，更好满足人民日益增长的精神文化需求，推进文化自信自强。要推动中华优秀传统文化创造性转化、创新性发展，不断增强中华民族凝聚力和中华文化影响力，深化文明交流互鉴，讲好中华优秀传统文化故事，推动中华文化更好走向世界。

1. 中国茶文化

茶，中国最具代表性的文化符号之一，它与瓷器、丝绸等自古以来便共同展示着中华文化的魅力。这片小小的东方树叶，是传承中华文化的重要载体，也是文明互动演进的生动佐证。"中国传统制茶技艺及其相关习俗"申遗成功是中国茶文化进一步得到世界认可的明证，中国茶将继续在全世界绽放光芒，中国茶的故事也将更加精彩。

中国是世界上最早种植茶树和制作茶叶的国家，茶文化深深融入中国人的生活。关于中国茶的起源说法较多，其中影响较大的当属唐代陆羽在《茶经》中的阐述："茶之为饮，发乎神农氏，闻于鲁周公。"

两汉三国时期，人们对茶叶的功效便有了初步认知，《三国志》《吴兴记》《吴普本草》等文献对于茶叶及茶文化都有记载。两晋时期，茶文化得以孕育和萌发。最初在我国南方地区，茶作为饮品在上层社会较为流行。随着南北官员流动，饮茶习俗逐渐北传。南北朝时期，茶文化有了进一步发展。这一时期，由于朝代更迭频繁，人口流动量增大，不同地区、不同民族之间的文化得以进一步互鉴融通，为饮茶之风的盛行和茶文化的不断发展创造了条件。

唐代是茶文化的兴盛阶段，社会上制茶、饮茶普及程度日甚。《茶经》中就记载有"粗、散、末、饼者"。与此同时，茶学著作不断涌现，比如皎然的《茶诀》、裴汶的《茶述》、张又新的《煎茶水记》、温庭筠的《采茶录》等，陆羽的《茶经》便是这一时期划时代的茶学专著，推动了中国茶文化的发展。

宋代是茶文化的鼎盛时期，茶在社会各个阶层普及，成为人们日常生活中不可或缺的物品。茶已经深入人们生活中的各个方面，与茶相关的习俗或观念日趋丰富，同时茶也进一步成为文人创作的重要题材，与茶相关的诗词、书画十分兴盛，成为文人士大夫诗书生活与闲适情志的重要标签。同时，宋代茶学著作空前繁荣，目前可考证的宋代茶书达到30部，远超唐五代时期的14部。而以贡茶、赐茶、茶马贸易活动为代表，宋代时茶的政治属性也得以强化，茶叶成为各民族交往交流交融的纽带。

元明清时期，茶文化的发展突出表现在对饮茶艺术性的追求和进一步大众化上。

茶文化与中华文化一脉相承。中国人通过制茶、泡茶、品茶，培养了平和包容的心态，形成了含蓄内敛的品格，饮茶是人们交流、沟通的重要方式，以茶待客、长者为先等与茶相关的礼俗彰显着中国人谦、和、礼、敬的人文精神。陆羽在《茶经》中把茶界定为"精行俭德"的身份标签，唐代刘贞亮以"茶十德"来概括茶所代表的精神品质，其中贯穿着和谐、中庸的思想。佛家以茶"悟禅机"，而道家则以茶"守清静"，佛与道的精神气质与茶的深蕴内涵融为一体。

茶起源于中国，盛行于世界。中国茶文化博大精深、海纳百川，是中国智慧"大道至简"的体现，也展现着"和而不同""美美与共"的精神。茶的广袤、丰盈、包容，让它自古以来就成为与世界沟通联结的方式。古往今来，通过丝绸之路、茶马古道、万里茶道等，中国茶穿越历史、跨越国界，深受世界各国人民喜爱，已经成为中国与世界人民相知相交、中华文明与世界其他文明交流互鉴的重要媒介，成为人类文明共同的财富。

以茶助文思、蕴诗兴，茶被认为具有清幽儒雅的品格，自古为文人雅士所喜闻乐道。茶诗词更是数以千计。

语文教材中的茶诗就有《临安春雨初霁》和《寒夜》两首。

## 临安春雨初霁

### （宋）陆游

世味年来薄似纱，谁令骑马客京华。
小楼一夜听春雨，深巷明朝卖杏花。
矮纸斜行闲作草，晴窗细乳戏分茶。
素衣莫起风尘叹，犹及清明可到家。

## 寒夜

### （宋）杜耒

寒夜客来茶当酒，竹炉汤沸火初红。
寻常一样窗前月，才有梅花便不同。

## 2. 四川茶文化

都说"茶馆是个小成都，成都是个大茶馆"。茶馆之于成都人的重要性，从作家张恨水流寓成都时所写的《蓉行杂感·茶馆》中可窥一二："北平任何一个十字街口，必有一家油盐杂货铺（兼菜摊），一家粮食店，一家煤店。而在成都不是这样，是一家很大的茶馆，代替了一切。我们可知蓉城人士之上茶馆，其需要有胜于油盐小菜与米和煤者。"①

为什么四川人这么爱喝茶呢？接下来我们说说四川的茶馆文化！

成都人喝茶早在唐代以前就已成风气，著名学者流沙河在《一世居民半茶客》中有考证，传说世界上有史以来的第一家茶馆就开在成都，至今至少在一千多年以前。②

抗日战争时期曾寓居成都的江南名士何满子先生在《茶事琐述》中感叹："茶馆之盛，少时以为当属江南为最，稍长到了一次扬州，才知道更胜于江南；及抗日战争时期到了成都，始叹天下茶馆之盛，其在西蜀乎。"③此话讲得非常实在。

据《成都通览》记载，清末成都街巷计516条，而茶馆便有454家，几乎每条街巷都有茶馆。而且成都也享有"一城居民半茶客"的美誉，成都茶馆的数量之多、茶客之众也由此可见一斑。④沙汀曾说："没有茶馆，便没有生活。"

民国时期，成都人口不到60万，每天茶客竟有12万之多；而如今，仅在成都市区，营业执照齐备的大小茶馆就有上万家。有茶馆，有茶楼，有茶园，有茶厅等，喝茶的人多，座无虚席。

茶馆的功能是多方面的，李劼人在小说《暴风雨前》中，向读者展示了民国时期成都茶铺的三大功能——各业交易的市场、集会评理的场所、中等以下人家的客厅或休息室。人们在茶铺里打开水、煨中药、炖肉汤。不仅清音、竹琴、川剧、评书能在茶铺里找到舞台，棉纱、布匹、药材、粮油也能在这里做成买卖。"袍哥"（四川的民间秘密组织）人家在茶铺里设码头、摆茶阵（一种江湖隐语，用茶杯摆出不同阵形）。有了纠纷矛盾，邀约上一干人"吃讲茶"（发生争执的双方到茶馆里请公众评判是非），断是非。

---

① 张恨水：《蓉行杂感·茶馆》，北京时代华文书局2020年版。
② 流沙河：《成都茶馆：一市居民半茶客》，成都时代出版社2006年版。
③ 何满子：《五杂侃》，成都出版社1994年版。
④ 傅崇矩：《成都通览》，成都时代出版社2006年版。

图3-27 老成都茶馆

至于茶具,则是传统的"三件头",即"盖碗茶"。这套由盖、碗、船组成的茶具,把盖比喻成"天",把碗比喻成"人",把茶船比喻成"地"。

据唐代李匡乂所著的《资暇录》记载,盖碗茶是唐代德宗建中年间由西川节度使崔宁之女在成都发明的。其形如舟船,所以称为"茶船子"。茶船既稳定了茶碗的重心,又免却了滚茶烫手之虞,还有茶溢不湿衣的妙处;茶盖既能保持碗中茶水温度和茶汤的色、香、味,又可以通过打开茶盖,轻搅茶水,调节茶的溶解速度及均匀度,通过茶盖的遮挡,还能避免喝茶时,茶叶随茶水流入口中,茶碗造型上大下小,冲茶时茶叶容易冲转和浸泡深透。

鲁迅先生在《喝茶》一文中写有"喝好茶,是要用盖碗的,于是用盖碗。果然,泡了以后,色清而味甘,微香而小苦……有好茶喝,会喝好茶,是一种'清福',但这须在静坐无为的时候的"[①]。先生虽非成都茶客,但道出以盖碗喝茶体验之佳,提及"喝好茶"须在"静坐无为"之境,得享"清福"。喝茶讲究器物,更讲究一个"境"。

四川茶艺最为特色的就是用1.2米长的铜壶掺出滚烫的开水注入茶碗中,且不溅一滴水。

---

① 鲁迅:《淮风月淡》,上海三闲书屋1933年版。

持壶者（茶艺师）在掺茶之前秀壶艺。茶艺师将中国武术中的套路融合于长壶壶艺，且每个动作都配有解说词，解说词均含茶的文化元素，品茶人会在茶艺师掺茶的过程中享受到融武术、杂技、茶文化于一体的四川茶艺。

其实从有茶馆的记载开始，为了掺茶沏水方便，茶壶的嘴从原来的无嘴到几尺长，慢慢发展成长嘴壶。清末民初开始一直延续到20世纪60年代。四川茶馆一般多用一尺（33厘米）到1尺五寸（50厘米）的铜壶为客人掺茶沏水。而沱江、长江、嘉陵江沿岸城市的茶馆就喜用两尺甚至更长壶嘴的铜壶掺茶。

今天，茶已发展成为世界三大饮品之首，全球160多个国家和地区的30亿人饮用茶叶。它已经不是简单的一片叶子、一类植物，而是一种富有生命力的文化。

## （二）学科融合探究

在成都，茶是一种文化，一种生活。请学生走进茶馆，感受和学习茶文化，探寻成都茶文化的发展历程，了解成都茶文化的现状，探究茶对成都人的影响，可以通过走访、访谈、调查等多种形式，形成活动报告。

## 二、初中英语中的四川茶叶

### （一）英语课程中的茶文化

初中英语人教版新目标九年级Unit 5 "What are the shirts made of？"中的Section A 2d和Unit 6 "When was it invented？"中的Section B 2b的教材内容中讲到了关于茶的发明与制茶的过程，并且出现了巴蜀大地上蒙顶山采茶的照片作为插图，这不禁唤起了我们作为巴蜀人的自豪感以及对于巴蜀茶文化的回忆与向往……

巴蜀产茶历史悠久，并且在先秦时期就以地方特产的名义将茶作为贡品，在《华阳国志·巴志》中记载："武王既克殷，以其宗姬封于巴，爵之以子……丹漆茶蜜，皆纳贡之。"但巴蜀茶叶在中国早期茶叶史上的突出地位，直到西汉成帝时才见诸记载。成都一带，在西汉时不但饮茶已成为风尚，而且在地主富豪家里还出现了专门饮茶的器具。在成都附近，由于茶的消费和贸易的需要，茶叶已经商品化，并有一定的茶叶市场。《广雅》一书中反映出巴蜀地区特殊的制茶方法和饮茶方式。汉以后巴蜀的茶叶进一步发展，种茶和饮茶的范围进一步扩大，说明茶在当时的地位已居于饮料之冠，而且茶的声誉也越来越大，饮茶之风向全国各地蔓延。

## （二）四川茶叶中的英语知识

四川茶叶中不仅仅蕴含着中华文化的流传，甚至随着时代的发展，英语知识也逐渐囊括其中。峨眉竹叶青是四川茶叶的代表，被广为认知和接受。在英语中，可以翻译为Emei Bamboo Leaf Green。四川有着丰富的茶文化，其中涉及的英语词汇有Tea Ceremony（茶道）、Tea Master（茶师）、Tea Ware（茶具）等。四川茶叶有多种类型，如green tea（绿茶）、black tea（红茶）、Oolong tea（乌龙茶）等。同时，制作茶叶的过程也有对应的英语表达，如withering（萎凋）、rolling（揉捻）、drying（干燥）等。四川茶叶有着悠久的历史和文化底蕴，可以用英语表述为"historical background"（历史背景）和"cultural heritage"（文化遗产）。

通过了解这些英语知识，可以更好地理解和欣赏四川茶叶的独特之处。

## （三）学科融合探究

品一杯茶，宠辱不惊，闲看庭前花开花落；去留无意，漫随天外云卷云舒。请学生初步了解四川茶文化，找到自己最感兴趣的茶的种类，并利用假期时间，前往雅安茶厂茶文化博物馆进行一场研学之旅，拍照记录下探寻足迹。

# 三、初中地理中的四川茶叶

## （一）初中地理中的四川地理环境简介

在人教版八年级上册第三章"中国的自然资源"第二节"土地资源"的学习中，学生会了解到四川盆地是以水田为主的耕地类型，周边多为丘陵和山地，海拔430~1200米的区域是最适宜种植茶树的地带，这些地区昼夜温差大，有利于茶叶中有效物质的积累。此外，四川位于北纬26°~34°，东经97°~108°，茶区气候温和，少极端高温天气，雨水充沛，光照少，云雾多，多酸性土，这些都适合茶树生长。

## （二）茶艺中的地理学知识

四川茶文化是古代巴蜀文化的重要组成部分，种茶、饮茶历史悠久，文化底蕴深厚，茶树品种资源丰富。中国所以能形成四千余年的茶文化历史，是因为茶具有自然诱人的特殊的色、香、味、形和茶对人体的特有功效，且茶在历史上、在生活中被赋予了好客、朴素、高雅、健康、文明等文化符号，成为人们日常交友会客必不可少之物。川茶主产区处在雪山和盆地交汇处，昼夜温差大，使川茶具备独特的甘烈香型。同时，川茶采摘比江浙产区提早30天，具备市场优势。

1. 茶马古道

在中华大地上，各民族中尤其以藏族"喜食荤腥"，"其腥肉之食，非茶不消；青稞之热，非茶不解"，所以藏胞们将茶作为"一日不可或缺"的生活必需品。但藏族聚居地——青藏高原，其自然条件不产茶叶。为了将四川、云南的茶叶运入西藏，同时将西藏的珍稀特产输入内地，一条条以茶叶贸易为主的交通线路，在藏汉民族商贩、背夫（伕）、驮队、马帮一步一个脚印的努力下被开发出来。自唐朝以来，主要是以内地的茶叶和西藏的宝马进行交换，故历史上称之为"茶马互市"或"茶马贸易"。伴随这一贸易而开通的商道，也就被称为"茶马古道"。

2. 名茶竹叶青

四川省内山地地形占比大，气候条件区域差异较大。竹叶青产自四川峨眉山，峨眉山山体海拔超过3千米，属于亚热带季风气候。竹叶青形状扁平直滑，通体翠绿，形似竹叶，因而得名"竹叶青"，有趣的是四川有一种毒蛇也名竹叶青。采制竹叶青的茶树品种主要是四川中小叶群体种，这类茶树发芽早，富含氨基酸，而茶多酚和咖啡碱含量较低，所制竹叶青香气高，滋味浓醇甘爽。

其采摘的最佳时期是三月上旬，人工采摘一芽一叶初展和一芽一叶开展的芽茶，像黄瓜籽，大小匀净，无芽不采，病芽、焦芽不采。

3. 长嘴壶茶艺

长嘴壶（见图3-28）、盖碗茶具，配合茶艺表演者极具观赏性的掺水技艺，通过器具和行云流水的肢体语言展现出独具特色的喝茶文化。

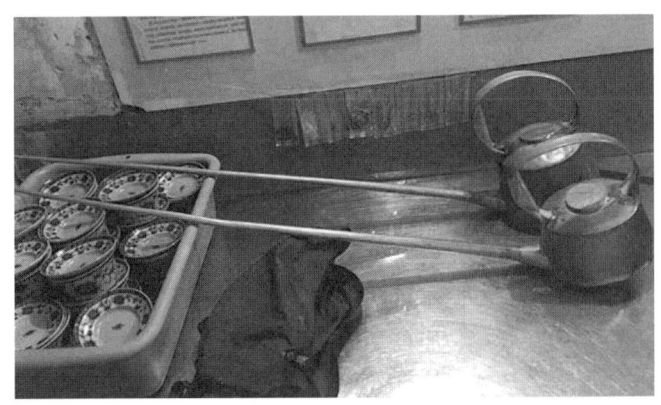

图3-28　长嘴壶

川人喜喝绿茶、花茶。在中国主要的名品茶叶中，花茶与绿茶水温要求相对较低，85~90℃最佳，所以泡这两种茶就讲究"高冲低斟"，比如雀舌、竹叶青、茉莉等茶叶，就需要高冲水泡出最佳风味，目的是使得杯中绿茶尽可能在最短时间内与水最大面积接触，爆发清香。长嘴茶壶嘴细且长，向下冲劲很大，容易把茶叶冲开，使茶叶在杯子里翻滚，散发香味。沸水在100℃，经过长嘴铜壶长管的迅速散热，壶嘴里出来的水温度基本就降到了85~88℃，如此泡出来的茶更加香润可口。

### （三）学科融合探究

活动方案一：在成都的茶馆走一走，坐一坐，喝一杯盖碗茶。

　　　　　　茶馆推荐：人民公园。

活动方案二：3月中旬登峨眉山，去茶园采茶。

# 第四章 巴蜀民俗文化

民俗是人类社会的产物，受着不同地区的自然条件和经济、文化的影响。巴蜀位于我国东西两大地形阶梯的过渡地带，这不仅会影响巴蜀的地形、气候、动植物等自然因素，而且也会影响到巴蜀的人文文化。巴蜀还处于黄河、长江两大流域的过渡地带，成为南北文化交流的要冲，从而吸收了南北文化，特别是吸收了长江、黄河两大流域文化的精华，因而形成了一种既与中原文化有某些联系，又与之不尽相同的文化体系。并且促使巴蜀在历史上成为各民族交往融合的地区，有利于巴蜀吸收杂糅各民族文化的长处，吸收南北文化的精华，创造出独具一格、性格鲜明的巴蜀民俗文化。我们所熟知的蜀锦、蜀绣、皮影戏、川剧变脸、四川扬琴、四川清音等都是巴蜀民俗文化的瑰宝。

历经千年的巴蜀文明涵养出了浩如星海的巴蜀民俗文化，其中蕴含了丰富的人文价值和精神财富，凝聚着无数巴蜀先民的集体智慧和人文精神，是巴蜀文化最直观、最生动的反映。可以说，丰富多彩的巴蜀民俗文化所蕴含和展现的独特气质和内涵已经成为巴蜀文化区别于其他地区文化的一个标志性符号，保护、传承、弘扬巴蜀民俗文化是新时代文化工作者的重要历史使命，也是新时代坚定文化自信的必然要求。

# 第一节　蜀麻、蜀锦、蜀绣风流

## 一、初中语文中的蜀麻、蜀锦文化

### （一）语文课程中蜀麻、蜀锦的简介

初中语文部编版教材七年级上册节选了沈括《梦溪笔谈》中关于"活板"发明创造的知识，反映了我国北宋时期的科技成就。而提到板印书籍，自然就绕不开纸张的使用。

巴蜀造纸在技术上并非独具匠心，基本是沿用了蔡伦造纸的工艺，以蜀麻为主要原材料加工。唐宋时期，巴蜀造纸业到达高峰，使巴蜀成为全国造纸中心。民间造纸作坊一时云集，浣花溪一带在当时成为一处盛景。晚唐诗人郑谷《蜀中》诗云："夜无多雨晓生尘，草色岚光日日新。蒙顶茶畦千点露，浣花笺纸一溪春。"宋代"交子之父"薛田《成都书事百韵》赞道："纸碓暮春临岸浒，水樽春注截河壖。"这得益于其得天独厚的地理位置和天然条件：蜀地盛产蜀麻，造纸的原料十分充足；溪涧江河星罗棋布，造纸所需的水质优良；雨量充沛、气候宜人，利于蜀纸原材料的生长。

优良的蜀地麻纸是向朝廷进贡的官纸，因其卓越的质感在士大夫群体中享有广泛的美誉。宋代梅尧臣在《永叔寄澄心堂纸二幅》盛赞蜀纸"滑如春冰密如茧，把玩惊喜心徘徊"。而蜀道艰险、蜀纸繁重，运输便成为难题，在中原地区，文人雅士往往一纸难求。中唐诗人鲍溶为此写下《寄王璠侍御求蜀笺》："蜀川笺纸彩云初，闻说王家最有余。野客思将池上学，石楠红叶不堪书。"晚唐才子韦庄曾作《乞彩笺歌》盛赞蜀笺："人间无处买烟霞，须知得自神仙手。也知价重连城璧，一纸万金犹不惜。"

蜀锦，作为巴蜀地区另一项闻名遐迩的传统手工艺品，同样承载着深厚的历史文化底蕴。蜀锦的织造历史悠久，早在汉代便已声名远扬，其织造工艺精湛，图案精美，色彩绚丽，质地坚韧，被誉为"天下母锦"。蜀锦的制作工艺极为复杂，采用多种天然染料染色，织造时需经过多道工序，包括设计图案、准备丝线、织造等，每一道工序都凝聚着工匠的智慧与心血。

蜀锦的图案多样，常见的有几何纹、动物纹、花卉纹等，寓意吉祥，富有浓郁的地方特色。它不仅用于服饰、装饰，而且作为珍贵的礼品进贡朝廷，受到皇室和贵族的喜爱。唐代诗人杜甫曾有"花重锦官城"的诗句，生动描绘了蜀锦的华美与成都

的富庶。蜀锦的繁荣也带动了巴蜀地区丝织业的发展，使其成为当地经济的重要支柱之一。

## （二）蜀麻、蜀锦文学元素赏析

### 笺纸谱

纸以人得名者，有谢公，有薛涛。所谓谢公者，谢司封景初师厚。师厚创笺样，以便书尺，俗因以为名。薛涛本长安良家女，父郧因官寓蜀而卒，母孀养涛。及笄，以诗闻外，又能扫眉涂粉，与士族不伴。客有窃与之宴语。时韦中令皋镇蜀，召令侍酒赋诗，僚佐多士为之改观。期岁，中令议以校书郎奏请之，护军曰："不可。"遂止。涛出入幕府，自皋至李德裕，凡历事十一镇，皆以诗受知。其间与涛唱和者，元稹、白居易、牛僧孺、令狐楚、裴度、严绶、张籍、杜牧、刘禹锡、吴武陵、张祐，余皆名士，记载凡二十人，竟有酬和。涛侨止百花潭，躬撰深红小彩笺，裁书供吟，献酬贤杰，时谓之薛涛笺。

薛涛的卓绝诗篇和独立人格获得了诗坛精英男子们的普遍尊敬。薛涛利用蜀地丰富的自然资源，以当地盛产的蜀麻为原料，经过浣花溪溪水反复洗濯，制成了一种精美的红色彩笺。这种彩笺质地细腻，色彩鲜艳而不易褪色，开幅较小，适于写诗，受到文人的广泛喜爱，以致"薛涛笺"名噪一时。

### 蜀江春日文君濯锦赋[①]

张　何

粤惟姑洗应律，勾芒御辰。雁桥风暖，犀浦花新。叠嶂萦郭，长杨映津。轩车照地，士女惊人。风土堪乐，山川可珍。岁时不殊于荆楚，形胜有类夫咸秦。晚景弥秀，晴江转春。即有卓氏名姝，相如丽室；织回文之重锦，艳倾国之妖质。鸣梭静夜，促杼春日，布叶宜疏，安花巧密。写庭葵而不欠，拟山鸟而能悉。绩缕嫌迟，颦蛾慕疾；乍离披而成段，或焕烂而成匹。言濯春流，鸣环乃出。

于是近深沉，傍清泚。朱颜始映，珍篚方启。其始入也，疑芳树影落涧中；少将安焉，若晴霞色照潭底。夺五云，长风未散，泛百花，微雨新洗。

尔乃曝林崖，出泉洞；迟日徐转，和风缓送。稍变回鸾，全分舞凤。戏蝶时远，娇莺欲弄。乘春景而方收，俟王正而入贡。懿其彩色足重，鲜明可嘉，青为禁柳，红作宫花。能使卫尉萦障，夫人饰车；郎官居则列宿，郡守衣而还家。若夫齐纨之与楚练，岂

---

[①] 张何：《蜀江春日文君濯锦赋》，出自董浩等编：《全唐文（卷四百五十七）》，清代嘉庆内府课本。

非细谷之与轻纱!

春和日丽之际,张何和着乐律,漫步到蜀江岸边,只见群山绵延,杨柳映江,轩车拥簇,美女如云。通过蜀地的风土民情、山川佳肴、人才荟萃,他不由联想到昔日卓文君在江边濯洗蜀锦的场景。张何对唐代蜀锦纹样作了相当细致的描述,锦上疏叶密花,布局恰当,蝶飞凤舞,栩栩如生,在濯于锦江中时,如芳树映落涧中,晴霞色照潭底,青的好像"禁柳",红的好像"宫花"。蜀锦色彩鲜妍夺目,明丽可人,其美溢于言表。

### 记锦裾

#### 陆龟蒙

侍御史赵郡李君,好事之士也。因予话上元瓦官寺有陈后主羊车一轮,天后武氏罗裾佛幡皆组绣奇妙。李君乃出古锦裾一幅示余,长四尺,下广上狭,下阔六寸,上减下三寸半,皆周尺如直。其前则左有鹤二十,势若飞起,率曲折一胫,口中衔荦花。背有一鹦鹉,耸肩舒尾,数与鹤相等。二禽大小不类,而隔以花卉。均布无余地,界道四向,五色间杂。道上累细钿点缀,其中微云琐结,互以相带,有若驳霞残虹,流烟堕雾。春草夹径,远山截空。坏墙古苔,石泓秋水。印丹浸漏,粉蝶涂染。鳌缍环佩,云隐涯岸。浓澹霏拂,霭抑冥密。始如不可辨别,及谛视之,条斩绝,分画一一有去处。非绣非绘,缜致柔美,又不可状也。里用绘彩,下制线尚如旧,两旁皆解散。盖拆灭零落,仅存此故耳。纵非齐梁物,亦不下三百年矣。昔时之工如此妙耶,曳其裾者复何人焉?因笔之为辞,继于锦谱之后,俾善诗者赋之。

文中描写了锦裙巧夺天工的技艺,裙上绣有同等数量的仙鹤与鹦鹉,各有姿态,仙鹤衔花飞起,鹦鹉耸肩舒尾,交错在花卉草丛之间;天空多彩云霞之中隐约可见西斜的残月,如梦如幻的云烟之中点缀着远山草径,浑然天成、细致逼真,锦裙所用蜀锦的织造极为讲究。

如今,在浣花溪畔坐落着蜀锦博物馆,里面呈现大型织造工场,也展示有多台小花楼木织机,各式蜀锦珍品,凝结着千年来蜀锦与这座城市的深厚情缘。

### (三)学科融合探究

了解蜀麻、蜀锦的相关文化知识后,学生或许仍有一些好奇的地方,建议学生:

(1)在课余时间走进望江楼公园的红笺小馆和蜀锦博物馆,近距离感受蜀地文化的魅力。尝试为参观的地方写一则宣传语并配上恰当的解读。

(2)请从历史的角度分析蜀麻长盛不衰的原因。

## 二、初中地理中的蜀绣文化

### （一）地理课程中的蜀绣简介

在八年级上册人教版地理教材"农业"部分知识的学习中，学生了解了影响农业布局的影响因素，分析了因地制宜发展农业的条件，学会了相关布局，还了解了某地区自然环境对该地区人文环境的影响，如对经济发展的影响、交通发展对聚落发展的影响。最后学生还学习了如何分析家乡的自然环境（地形、气候、河流、自然资源等）。而蜀绣就是从四川优越的地理条件中诞生的。

蜀绣又名"川绣"，是巴蜀地区流行的一种民间工艺，起源于川西民间，是中国刺绣传承时间最长的绣种之一。蜀绣色彩明亮清秀，针法细腻精巧，是在丝绸或其他织物上采用蚕丝线绣出花纹图案的中国传统工艺，分为川西和川东（今重庆）两大流派。蜀绣，与苏绣、湘绣、粤绣齐名，并称为中国四大名绣。

蜀，是一种野蚕，而成都平原水土丰美，气候宜人，温度和湿度都很适合栽桑养蚕，所以巴蜀大地盛产丝绸。丝绸的日益发展，为丝织技术提供了先决条件，而丝织品和丝线又成为蜀绣兴起的"温床"，丰厚的物质基础成为蜀绣的强大后盾，民间刺绣发展到秦汉时期，已经具有一定的技艺。

蜀绣历史悠久，最早可上溯到三千年前的古蜀时期，自东晋以来与蜀锦并称"蜀中瑰宝"。

到了两晋时期，时局动荡，但是由于四川所处的位置和四面环山的地形，蜀绣在安稳中继续向前迈进，哪怕宋代金兵不断侵扰，也没能进入蜀地。这里社会稳定、经济发达、人民富庶，蜀绣技艺因此不断完善，并形成独有的风格，后来蜀绣一举成为人间珍宝。发展到清末至民国初年，蜀绣在国际上已享有很高声誉。民国以后，蜀绣不再绣制朝服和贡品，而是将目光转向了日常大众，绣品范围包括人们生活的方方面面。中华人民共和国成立以后，四川设立了成都蜀绣厂，使蜀绣工艺的发展进入一个新阶段，针脚、绣法开始不断精进和创新。在2006年5月20日，蜀绣入选第一批国家级非物质文化遗产名录，并成为大熊猫以外四川的第二张中国名片。

蜀绣原料一般为本地织造的彩色色缎和丝线，它的针法包括12大类100多种，具有针法严谨、针脚平齐、变化丰富、形象生动、富有立体感等特点。加之四川盆地自然环境和人文风俗的影响，蜀绣形成了严谨细腻、光亮平整、构图疏朗、浑厚圆润、色彩明快的独特风格，一切体现出极高的针尖上的功夫。

蜀绣还有一个最突出的特色，就是双面三异绣，同一张丝缎正反两面可以绣上不同的图案。

蜀绣与蜀锦常常被一同提及,在"锦"上"绣",正可谓锦上添花,这些美好的词语、美丽的颜色和图案,是巴蜀人民的勤劳和智慧的集中体现,同样也是他们对美好生活的追求,比如大量的民间蜀绣作品就以龙、凤、鹤等为内容,可写实,也可意象化,这些形象在中华传统文化里都是富贵、长寿等的象征。蜀锦和蜀绣都是上天赐给巴蜀人民的礼物,一经一纬织的是巴蜀人的淳朴善良,一针一线绣的是巴蜀人的美好生活。

### (二)蜀绣中的地理知识

蜀绣主要指以四川成都为中心的川西平原一带的刺绣,由于文化和地理的渊源,也发展到重庆等周边地区。以现代科学的眼光来看,成都平原水土丰美,气候宜人,温湿度都适宜栽桑养蚕。且巴蜀大地上盛产丝绸,这里的丝绸文明孕育了发达的丝织技术,这既为蜀绣提供了刺绣原料——丝绸和丝线,使蜀绣发展有了雄厚的物质基础,又为蜀绣发展兴盛创造了产业和文化环境。

### (三)学科融合探究

蜀绣作为中国传统工艺,是中华民族文化的象征,当机器代替手工的浪潮袭来时,蜀绣的发展和传承也受到影响,请学生提出1~2条保护和发扬蜀绣的方法。

## 第二节　皮影流光

### 一、初中物理中的皮影戏

#### (一)物理课程中的皮影戏简介

在八年级上册第四章"光现象"第一节"光的直线传播"知识学习的"动手动脑学物理"部分,有让学生做一做手影游戏,用光的直线传播知识解释影子是怎样形成的板块。

其实在巴蜀文化长河中,有一种非常出名的与"影"有关的非遗传统文化,是利用光的直线传播形成影子这一物理原理而成的,它就是"四川皮影"。皮影的"影子"比手影内容更丰富、形态更生动、色彩更斑斓,是集艺术性、观赏性、故事性、教育性于一身的中华传统文化项目。"四川皮影"主要分为"川北皮影"和"成都皮影"。其中,"阆中王氏皮影"作为"川北皮影"众多流派中的一支,尤为出名。

图4-1 皮影

川北王皮影由王元胜创于清朝康熙年间,经王文坤改造,至今已延续八代,薪火相传350余年。目前,川北王皮影的第七代传人王彪,是四川省川北皮影艺术团,又称四川王文坤皮影艺术团(简称川北王皮影)团长。1988年,川北王皮影亮相奥地利首都——维也纳举办的"世界艺术节",荣获"国际艺术金奖",奥地利总统赞赏:"这才是真正的东方艺术。"①此后川北王皮影更多地活跃于国际舞台,蜚声海内外,广受青睐。目前,川北王皮影拥有"世界人类非物质文化遗产"和"国家非物质文化遗产"两项桂冠,是屈指可数的双料"非物质文化遗产"。

皮影戏,又称"影子戏"或"灯影戏",始于西汉,兴于唐朝,盛于清代,元代传播至欧亚大陆。有人说,其最早可考文献记录于《汉书》,以汉武帝的一段爱情故事开启了它的历史纪元。据《汉书》记载,李夫人是汉武帝的宠妃,在李夫人去世后汉武帝难解思念之情。一名叫李少翁的方士称其能为李夫人招魂,以解武帝相思之苦。于是在晚上点上烛火,挂上帷幔,让汉武帝隔帐遥望,见到了李夫人的影像。但是,单纯从记载来看,只是体现了关于影子的幻术,是否证明当时就已经有了皮影戏的出现,还有待考证。②

---

① 张晓东、朱志林:《【方志四川·非遗】阆中王皮影 薪火相传350载》,2019年1月9日,http://scdfz.sc.gov.cn/scyx/scfy/content_16597。
② 魏力群:《皮影》,重庆出版社2019年版。

魏力群在《皮影》一书中提到：到目前，我们能够见到最早关于影戏的记载在宋代，"宋朝仁宗时，市人有能谈三国事者，或采其说，加缘饰，作影人，始为魏、吴、蜀三分战争之像"。书中还描述道："皮影戏的起源与古代弄影幻术、民间弄影之戏、古代镂皮雕饰、民间剪纸造型、祭祀信仰等有密切关系，是受到汉唐傀儡表演、五代挂图俗讲、宋代说话词本等多方面的影响而产生的，而且是潜移默化的相互影响，这是中国文化的渊源特征。"①

### （二）皮影戏里的物理知识

"一张牛皮道尽喜怒哀乐，半边人脸收尽忠奸贤恶。"这句话生动地刻画了人们对皮影的喜爱。那这种最古老的"电影"究竟是如何放映的呢？里面又体现了古人怎样的智慧？其实，皮影戏的光学原理很简单，只不过利用了"光沿直线传播"的原理。我们知道，光在同种均匀介质（日常生活中，我们可以认为周围的空气是均匀的）中沿直线传播。如果光在传播过程中，遇到不透明的障碍物，就会被挡住，从而形成一片较暗的区域，那就是影子。就像我们经常在太阳光下或者在路灯下看到影子的原理一样。当演员在幕布后面用皮影挡住光，幕布前就会出现皮影相应的阴影轮廓，形成皮影戏的画面。皮影道具的造型不同，形成的影子就不同，画面就不同。技艺高超的演员在幕后通过操控各色人物、兽禽花木、生活场景等皮影，结合故事情节、说唱器乐等，巧妙细致、惟妙惟肖。以至于很早以来，前人就对中国皮影有过精确生动的描述："一口叙述千古事，双手对舞百万兵。"

可能此时有同学会发问了："我们平常在生活中看到的影子都是黑色的，但是为什么看到的皮影却是五彩斑斓的呢？"这个问题问得很好，要回答这个问题，那就得再回头去看看皮影的制作了。

皮影制作所用的材料和工序在不同地区有所不同，但究其基本操作大致可以分为选皮、制皮、过稿、雕镂、着色、出汗、缀接七道工序。选皮、制皮过程是影响画质的最基本环节。

皮影是采用动物皮子（皮革材料）制成的。因为其在全国分布较广，所以南、北方所用皮影材料均有不同。出于坚固性和透明性的考虑，北方多用驴皮，南方多用牛皮。以牛皮为例，如果是年轻的牛皮，则薄厚适中，质地柔韧，做成的皮子白净透亮，上色后的效果就会非常漂亮。

在通过复杂的工序获得了质量上乘的透明皮子后，就可以进行进一步的艺术加工了。利用过稿、雕镂的艺术手法，艺术家们制作出各种皮影造型，并根据需要，涂上相

---

① 魏力群：《皮影》，重庆出版社2019年版。

应的颜色，这就是着色。着色时，人们通常选用红、黄、青、绿、黑这五种透明的颜料，从而让着色后的皮影呈现出五彩斑斓的半透明状。当幕布后面的灯光照过来，遇到皮影，穿过镂空部分的光线就会照在幕布上形成明亮的区域。因为皮影材质本身是透明的，遇到上色部分的皮影时，部分光线会被"遮住"（反射或吸收），只有与皮影所着颜色相一致的光才会透过皮影到达屏幕，于是，观众就能在幕布上看到亮暗不一、五彩斑斓的画面了。正是皮子、颜料等材质的特殊性，让皮影人物和道具被光照耀下投影到幕布上的影子显得瑰丽而晶莹剔透，具有独特的美感。

除此之外，皮影的制作，还涉及初中物理课程中的相关知识。例如"出汗"环节，就是通过加热升温促使皮影脱水发汗，这与九年级物理知识"内能"有关。"出汗"的成败关键在于火候的掌握。过去，老艺人们观察了解火候通常采用的土办法叫"弹指点水"，就是用手指蘸水弹滴到熨制皮影的熨具上，再通过观察水分所起泡沫大小的变化，了解水分的蒸发快慢，从而判断温度的高低。

1851年到1853年，四川本土手艺人吸取蜀锦、蜀绣、民间剪纸和印染中的地方色彩，使得四川皮影戏形成了一种独特的艺术风格。唱腔主要借用川剧五大声腔，此外还博采民间流行的山歌、小调及佛教、道教音乐，兼收并蓄，自成一体，生动反映了四川地区的风俗习惯、社会风貌和人文传统。

### （三）学科融合探究

中国皮影戏于2011年被联合国教科文组织列入"人类非物质文化遗产代表作名录"，影响广泛而深远。皮影戏反映了我国世世代代先民的思想观念和诚挚情感，有着极为丰富的文化内涵。无论是宗教文化、戏曲文化还是民俗文化与社会伦理文化，皮影戏都以其独特的表演形式、丰富的表演内容，将"寓教于乐"生动诠释。其浅显通俗、爱憎分明、明快热烈、生动诙谐，既富含人生哲理，又充满世俗趣味。

观看皮影戏的过程，就是观众在感官的愉悦中实现情感共鸣和伦理道德教育的过程。请学生走进皮影，通过实地参观学习、实践操作、影戏欣赏近距离了解皮影，体验中国优秀民间手工艺及艺术的魅力。

## 二、初中美术中的皮影戏

### （一）美术课程中的皮影戏简介

在人美版的八年级下册的"关注身边的美术遗存"和"美术遗存的保护与传承"以及九年级下册的"走进民间美术"中，都可以将皮影戏列为相关教学内容。《义务教育美术课程标准（2022年版）》特别强调了要加强"对美术文化的认知，对现代公民人文精神的培养，崇尚文明，珍视优秀的民族、民间美术与文化遗产"。让学生着眼于日常生活中带有传承因素的美术作品，以积极的态度对待和珍视美术遗存，并且树立民族自豪感。

美术遗存种类繁多，形式也比较多样，而皮影就是其中之一。它是中国民间的一门古老的艺术，是融合了造型艺术和戏剧艺术并以兽皮或纸板做成的人物剪影来表演一幕幕故事的民间戏剧，是集绘画、雕刻、音乐、文学等于一体的世界文化和艺术的瑰宝。这门传统艺术在巴蜀文化的历史长河中，也拥有自己的一席之地。"川北皮影"里"阆中王皮影"作为其中的一支代表，有着自己独特的制作手法和工序。

"王皮影"是指位于四川北部的历史文化名城——阆中的民间艺术大师王文坤一家八代相传的雕刻和表演艺术，集"土皮影""广皮影"以及"成都灯影"的优点，融合川戏的服饰精华，具有独具一格的创作风格。它一直传承着艺术特色，在保持原有风格的同时坚持使用手工制作，所以长期以来受到当地人们的喜爱。以下我们站在美术学科的角度去了解"王皮影"这个美术遗存的独具一格之处。

### （二）皮影戏中的美术知识

#### 1. 皮影的手工制作工序

"王皮影"的制作工序十分复杂，一般按照顺序可以分为选皮、削皮、绷皮、发汗、去灰、擂皮、裁料、保水、雕刻、着色、存放等数十个环节。由于皮影人偶的特殊性，使用不同的物质材料进行制作会在一定程度上影响皮影的质量和美观度。制作材料本应选择驴皮最好，但是川北养驴比较少，所以"王皮影"制作材料一般选择牛皮。牛皮选好后，将牛皮削得薄厚合适且均匀；然后在牛皮上钻上小孔套上绳子，在绳子上套上竹竿绷直、晒干；在雕刻之前还得经过发汗、去灰、擂皮、裁料、保水等多个环节。

雕刻完成后再用擂锤擦一遍，让它变得更加光滑，再存放到木板内，防止其变形。一个皮影道具的制作需要制作者长时间的耐心，制作过程除了对雕刻技艺要求严格外，对制作人的毅力也是一种考验。在进行手工课制作时，学生应该学习皮影制作时的严谨态度，从容不迫地完成每一个环节，保持耐心。

皮影作为我国民间传统文化的精粹，在造型、色彩等方面更是有着其独特的艺术魅力，除制作过程的精雕细琢，还要使用优美的线条和丰富的色彩去传达影偶的性格和艺术魅力。

2. 皮影的造型方面

人美版八年级上册的第一课曾讲到"美术是人类文化的造型载体",美术在一定程度上反映了人类历史进程、社会发展水平以及当时的经济文化等。因此,应引导学生借助美术的视角,从造型的角度去欣赏不同的作品,提升其造型审美能力。

"王皮影"的影偶多是以人物为主,造型最大的特点便是"扁平",再加上其吸取了川剧精华,故"王皮影"的人物形象也分为"生""旦""净""末""丑"这五大行当,在行当的下面又分了若干的小类。一般人物的面部是采用全侧面造型(全侧面又叫"五分脸"),只有一只眼睛。少部分特殊的人物会有一只半眼睛的"七分脸"或全正面的造型。"王皮影"通过对影偶的身份、地位、性别的高度概括,在一定程度上进行了夸张变形,又展示出影偶各自的特点,达到形神兼顾的表演效果。

头饰更是可以根据剧情的需要、身份等级、影偶性别去自由组合,手掌造型也是根据不同的人物身份而有所不同,给皮影人物赋予不同的性格特征。

与其他皮影流派不同的是,"王皮影"的影偶是与真人相似的,手脚的长度一样,所用须发也均为真发,所以当脸谱和花纹投射到纱幕上时,头发清晰可见。影偶的衣服纹饰也根据身份地位而不同,制作艺人利用民间大众对图案的潜在认识,比如在胸前和两袖口处都有龙纹的是皇帝的龙袍,衣服图案有太阳纹样的是文臣等来指代各个身份地位的影偶。

在"王皮影"中最广泛应用的是松树图案,松树身姿挺拔而四季常青,一般是坚韧品质的代表,常用于表示人们对坚贞不屈、不畏艰难精神的赞颂。所以"王皮影"对松树图样的运用是中国传统纹样与民间艺术的优美结合,它在无形之中也影响着我们。在学习珍视民间传统艺术的同时,感知它们所蕴含的精神境界,学生在完成不同的美术作品时也可以学习它的造型优点。

3. 皮影的色彩方面

在色彩运用上,"王皮影"选择的主色是红、蓝、黄、黑、绿五种。不同的颜色一般也有特定的人物性格意义。红脸代表忠义,如张飞和关羽;黄色代表权贵,如皇帝、皇后;黑色代表刚正不阿、正直无私,如包拯等。

在用色的时候,王文坤时期承袭旧法,多使用植物的汁液也就是植物色进行描绘,用低纯度和低明度的色彩去突出人物风格。而今多使用的是矿物质颜色,注重颜色搭配的自然和谐感。在着色的时候采用中国民间年画的浓墨重彩法,以固有色来进行平涂分填,多次烘染,使色彩沉着浑厚,对比强烈,丽而不艳,具有极其浓厚的民族传统装饰性风格。

联系人美版课程标准对学生认知色彩和运用色彩进行表达的明确要求，学习七年级的色彩相关知识，使用色彩的对比和调和去学习服装的色彩搭配或者使用色彩去表达自己的情感等，都是与色彩息息相关的。例如，"王皮影"之中杨贵妃的衣服颜色使用的就是邻近色知识点，以黄色和红色为主，展示颜色魅力的同时达到鲜明而不生涩、艳丽却不失沉稳的艺术效果，从而凸显人物的华丽和地位崇高。在课堂上可以通过恰当的练习，让学生了解色彩所承载的相关情感，提高色彩感知能力；在日常生活中也可以让其灵活运用，除了自己进行服饰搭配以外，还可以使用颜色来装点自己的生活，让学生更加热爱生活。

"王皮影"既是巴蜀文化中不可或缺的一部分，也是中国民间传统艺术之一。通过该节的学习我们体会到了巴蜀文化的继承和创新，感受到了巴蜀文化的独特魅力。让我们继续着眼于巴蜀地域的美术遗存，发现它在文化和历史中的艺术价值，增加我们对传统文化的关注和热爱，为中华文化的灿烂文明作贡献！

### （三）学科融合探究

世界文化交融，人们的生活方式和观念发生了改变，这对传统文化带来了不小的冲击。作为传统文化之一的皮影，随着时间的推移也将面临传承和发展的重要现实问题。那么中学生能为皮影的保护和传承做出哪些努力呢？请学生就这个问题展开探究。

# 第三节  川剧绝技

## 一、初中语文中的川剧变脸

### （一）语文课程中川剧的简介

部编版初中语文教材八年级下册第一单元，选入了或表现各地风土人情，或展示传统文化习俗的课文。其中鲁迅的《社戏》展现了一幅恬淡快乐、淳朴自然的水乡风情画卷。社戏是江南农村举行迎神赛会或岁时节庆时所演的戏，这样的民俗活动因舞台上的老生翻跟斗、蛇精跳老虎等精彩场面，就连不喜听戏文的儿童也倍感兴趣。九年级下册第五单元选入中外优秀剧本选段，旨在借助舞台上的故事，让学生体悟凝聚的无尽人生。教材选入郭沫若的《屈原（节选）》、何冀平的《天下第一楼（节选）》和孙鸿的《枣儿（节选）》，无论是什么样的剧作或剧种，作者在一定的社会背景下，展现出来的都是一种关于人性的思考。

在川剧的表演形式中，"变脸"将人物藏在内心的变化夸张地展现出来，给观众更直观的情感共鸣。随着现代社会人们生活水平的提高，在电视、电影作品中不断出现的川剧"变脸"艺术，引起了更多的观众关注及喜爱。

就拿改编最成功的川剧《金子》来说，它与曹禺原版话剧《原野》相比，最鲜明的特点便是技艺精巧。川剧特有的传统戏曲技巧，如"变脸""踢褶子""摔僵尸""藏刀"等在改编后的新剧中获得了新的生命。《金子》剧目中，仇虎和焦大星在酒酣迷醉之时，回想起过去美好的时光，也正是此时，仇虎猛地记起焦大星本是他的仇人，于是，娇俏装扮的焦大星眨眼间变成了焦阎王，而仇虎眼见形势不对，正要伺机拔刀反杀时，本已醉倒在桌上的焦大星抬头起身，又恢复了先前俊俏的焦大星模样。这段"变脸"技巧的运用，将剧作人物的心情起伏及剧情的动荡波折展现得淋漓尽致。

## （二）川剧的文学元素赏析

### 巴金偏爱川剧（节选）[①]

李 致

我知道巴老喜欢川剧。上世纪六十年代初，巴老回成都写作，我与巴老第一次见面的地点，巴老就约在川剧场。巴老与酷爱川剧的成都市市长李宗林是朋友。不少川剧演员也十分尊重巴老，与巴老交往甚密。早在一九五三年，川剧参加全国汇演，以《柳荫记》等剧目轰动文艺界。川剧团到上海巡回演出时，巴老不仅自己看，而且买票请朋友看。此后，川剧每次去上海演出，巴老不仅全家去看，买票请朋友去看，还委托胞弟李济生代他请演员吃饭。

巴老称赞川剧剧本的文学性强。在《谈我的短篇小说》一文中，巴老说："我喜欢的倒是一些地方戏的折子戏。我觉得它们都是很好的短篇小说。随便举一个例子，川剧的《周仁上路》就比我写的那些短篇好得太多。一个人的短短自述把故事交待得很清楚，写内心的斗争和思想的反复变化相当深刻，突出了一个有正义感的人物的性格，有感情，能打动人心。它有点像西洋的优秀的短篇作品，其实完全是中国人的东西，而且是从人民中间来的东西。可见我们的民族的传统深厚：我们有用之不尽的宝山，只等我们虚心地去开发。每一下锄头或者电镐都可以给我们带来丰富的收获。"这个观点，巴老也对我说过。

---

[①] 李致：《巴金偏爱川剧》，《四川戏剧》，2003年第5期，第47-48页。

巴老尊重德艺双馨的艺术家。川剧表演艺术家廖静秋患癌症，为保留她的艺术精品《杜十娘》，在全国人民代表大会上，巴老与作家李劼人、沙汀等，联名提案把《杜十娘》赶快拍成电影。巴老说："现代科学固然不能挽救她的生命、减轻她的痛苦，但可以保留她的艺术。"廖静秋拍完电影《杜十娘》后不久逝世，巴老为此写了散文《廖静秋同志》，称赞廖静秋"不愿意白活"，"不愿意把她有的那一点发光的东西带进坟墓里，即使花了那么多痛苦的代价，她也要多留一点东西给中国人民"。

一九八四年，我随川剧团到上海演出。当时，巴老因身体欠佳，已不再去剧场看戏。川剧界的朋友无不为此感到遗憾。周企何和陈书舫提出：巴老不能来剧场看川剧，我们就该去看望巴老。经我与巴老商定，在一天下午，由我陪同部分演员去巴老家。除陈书舫和周企何外，还有左清飞、王起久、王世泽、田卉文、古小琴等优秀演员。巴老在客厅会见了他们，气氛热烈。几乎每一个演员都为巴老清唱了一段，巴老既高兴又感动。为保证巴老的健康，我们把时间控制在半小时内。最后，大家请巴老讲话。巴老说："我小时候，父亲就常带我看川剧。一九四零年我第一次回四川，途经泸县，在街上听见放《情探》的唱片，感到十分亲切，我站着把它听完。乡音难得！多谢大家来看望我，为我演唱。"巴老开玩笑说："我不会讲话，李致会讲话，让他讲。"这种"金蝉脱壳"之计，引起哄堂大笑。巴老与大家合影后，亲自送出大门，挥手与大家告别。

一九八七年秋巴老回乡，应张爱萍将军之邀，三次看了川剧艺术家的表演，每次都在一个半小时左右。张老建议巴老随意，时间可长可短，巴老却因"乡音难得"，坚持看到底。

巴老一九八七年回四川，还去了自贡市。巴老在上海就看过剧作家魏明伦的《易胆大》《巴山秀才》两个戏的录像，对我称赞魏明伦很有才华。这次去自贡，在魏明伦的陪同下，看了《易胆大》《四姑娘》《潘金莲》《巴山秀才》中的四个折子戏。魏明伦不时向巴老解说，巴老常常露出笑容。演出结束时，巴老因腿疾不便上台祝贺，全体演职人员下台来看巴老。巴老被感动了，一再向大家表示谢意。

有人给巴老开玩笑，说巴老突破了不去剧场看戏的"宣言"。

巴老答："回家乡是特殊情况。"

巴老对川剧的热爱，饱含对故乡的深情。

巴老偏爱川剧，川剧界的朋友敬爱巴老。

本文是李致先生的一篇回忆性散文，文中无不彰显着巴老对川剧的热爱，饱含着巴老对故乡的深情。巴金表示他"自小就爱看戏"，离开故土在上海看到川戏时"有一种旧友重逢的感情"。可以说，巴金的性格和作品中，都烙印着浓厚的巴蜀文化特色。

## （三）学科融合探究

川剧变脸可谓是蜀人的文化骄傲，请学生创作一首现代诗歌表达对川剧变脸技艺的情感，并分享给自己最志趣相投的朋友，看看他是否能从诗歌中读出你的独特情意。

## 二、初中物理中的川剧脸谱

### （一）物理课程中的川剧脸谱简介

在八年级上册人教版物理教材"平面镜成像"部分知识的学习中，演员们对着镜子画脸谱就是对平面镜的应用。这里提到的脸谱就是中国戏曲非常重要的一部分，在戏曲的表演艺术中占有举足轻重的作用。

戏曲剧种是在中华文明广泛、悠久的发展历程中，将地方民俗文化和艺术有机融合的产物，有着鲜明的地域特色，是地方文化生态的生动展现。2017年12月全国地方戏曲剧种普查数据显示，截至2015年8月31日，全国共有348个剧种。[①]川剧是中国戏曲与巴蜀文化融合发展的产物，是在巴蜀文化土壤中生根、发芽并蓬勃成长起来的多声腔地方戏曲剧种。在中国三百多种戏曲种类中，川剧占有举足轻重的地位，变脸（见图4-2）、吐火（见图4-3）、滚灯、藏刀、绳吊等绝活更是让人叹为观止。如果要说最为大家熟知的恐怕非变脸莫属。

图4-2　川剧变脸

图4-3　川剧吐火

变脸是川剧艺人创造的绝活，因其当场变换脸谱的快速，让所有观看的人见之难忘、印象深刻，久而久之就成了川剧的代名词。变脸技艺最早大约出现在清咸丰、同治年间。一些为生活所迫的川剧艺人在江湖戏班中参加演出（川剧行话叫"跑滩"），成

---

① 中国政府网：《文化部发布全国地方戏曲剧种普查成果》，2017年12月27日，http://www.gov.cn/xinwen/2017-12/27/content_5250751.htm。

为川剧行业中俗称的"跑滩将"。他们受当时江湖上的民间杂耍班子的启发产生了"变脸"的技术雏形。

据《川剧史话》一书中记载，最早的变脸技艺就是"跑滩将"从杂耍班子的"堂彩"受到启发，将其运用到川剧《归正楼》一剧中。《归正楼》讲述了一个江湖传奇故事：侠盗贝戎行走江湖，劫富济贫，为躲避官兵追捕，学会了易容术。亡命途中，他连续使用乔装易容术躲过追捕，先以蓝色脸谱亮相，一变为红色脸谱，再变为黑脸，三变为霸儿脸，这折戏俗称《三变化身》。

变脸是川剧为了塑造人物性格变化、推进剧情发展所采用的一种表现手法，在剧情中的使用是非常谨慎的。由此可见，脸谱在川剧的艺术表现中占据了极其重要的地位。川剧脸谱，极富巴蜀地域特色，用颜色表现人物特征，世间人物的种种情感与性格，汇聚成一张张各色各异的脸谱。人物的悲欢离合随着演员的演绎表现得淋漓尽致。

在川剧脸谱中，色彩尤为重要。脸谱上的色彩，每一种都有它的内涵。红色代表忠肝义胆，最广为人知的就是《三国演义》中武圣关羽；白色代表奸诈阴险，历史中曹操、秦桧、司马懿等人物的脸谱就均以白色为主；黑色象征正直鲁莽、刚直坦诚，代表人物脸谱有李逵、包拯、项羽等；黄色则象征骁勇凶暴，如典韦、庞涓等；绿色象征莽撞冲动，如"青面虎"徐世英；蓝色和绿色一样比较中性，象征绿林好汉，刚强枭猛，如程咬金、窦尔敦；而金、银色不经常出现，一般只限于神话故事使用，就像孙悟空的脸谱中，眼睑处就有一抹金色。由此可见，丰富的颜色内涵，是川剧艺术发展不可替代的存在。

### （二）川剧脸谱中的物理知识

在初中物理八年级上册教材"光的色散"部分，学生学习了光的颜色之谜，教师也通常会让学生通过脸谱去感受丰富多彩的颜色世界。那么为什么我们能看到五颜六色的物体？要回答这个问题，就需要认真学习第二节"光的反射"和第五节"光的色散"的知识。

首先，我们必须知道，能看见物体的根本原因是物体上有光线进入我们的眼睛。如果物体本身并不是一个光源，不能自己发光，要被我们看见，就只能是反射太阳光或者其他光源的光。通过学习我们知道，太阳光是白光，它是复色光，通过棱镜后会被分解成红、橙、黄、绿、蓝、靛、紫七种颜色的单色光，每种单色光都对应着属于自己的光子频率（高中会继续学习，此处不做深入解释）。反之，如果所有单色光同时存在，就又会复合为白光。

当太阳光或者灯光（均为复色光）照射到不会发光的脸谱上时，在脸谱表面发生反射。脸谱不同颜色的区域反射与自身颜色相同的单色光,其余颜色的光则绝大部分被脸谱吸收,反射不出来。例如,红色部分反射红光,反射的红光进入人眼,于是我们就看见脸谱的红色区域就是红色的了。以此类推,其他区域的颜色同理。那现在新的问题又产生了,白色和黑色部分是怎么回事呢?色散的单色光中可没有这两种颜色!

原来,照到白色区域的光在脸谱表面会全部被反射,七种单色光反射后全部融合在一起,就又变成白光了。反之,照到黑色区域的光在脸谱的表面则会全部被吸收,那个区域将没有任何光线进入我们的眼睛,于是我们看到的就是黑色。就像到了深夜,熄灯后周围一片漆黑,就是因为没有任何光线进入我们的眼睛造成的。

### (三)学科融合探究

在初步认识和了解了川剧脸谱后,让学生思考自己最喜欢什么艺术人物的脸谱,并让学生利用假期时间,亲自动手做一个自己喜欢的人物脸谱。要求:材料不限,大小不限,附脸谱介绍。

## 三、初中历史中的川剧变脸

### (一)历史课程中的川剧变脸简介

在部编版历史教材七年级下册第三单元"明清时期:统一多民族国家的巩固和发展"中学生学习了"清朝前期的文学艺术"一课。根据《义务教育历史课程标准(2022版)》要求"通过了解小说、戏曲的繁荣,知道明清时期文学艺术的特色",教师主要从思想主题和艺术表现手法两个方面鉴赏了文艺作品,提升了学生健康的审美情趣,并由此激发了他们对中华优秀传统文化的自豪感,涵养了家国情怀。

其中,中国戏曲作为一种非物质传统文化,是古代劳动人民勤劳和智慧的结晶,是人们生活的积淀和社会发展的重要见证,也是中华民族能够屹立于世界民族之林的强大底气和精神力量。在漫漫历史长河中,我国曾有394个戏曲剧种,其中川剧作为中国戏曲的重要组成部分,历史悠久,保留了各种优秀传统剧目、优美的乐曲和精湛的表演技艺。

### (二)川剧变脸中的历史知识

《华阳国志·巴志》记载:"周武王伐纣,实得巴蜀之师,著乎尚书。巴师勇锐,歌舞以凌殷人,前徒倒戈。故世称之曰'武王伐纣,前歌后舞也'。"这种起源于四川阆中渝水之滨的巴渝歌舞代代相传，流传至今。汉代盛行百戏，"百戏"即中国古代汉族民间表演艺术的泛称。通过考古发掘，巴蜀各地出土的大量文物，如说唱俑、汉砖、泥制戏楼等，无不证实了巴蜀之地百戏盛行。这些都为巴蜀戏剧的发展打下了坚实的基础。

史书《三国志·蜀书》中记载，刘备入蜀后，为了化解许慈和胡潜的矛盾，在群僚大会上，"使倡家假为二子之容，效其讼阋之状，酒酣乐作，以为嬉戏，初以辞义相难，终以刀杖相屈，用感切之"①。史书中记载的"倡家"的表演，有争吵，有打斗，有动作，有道白，还有道具。故有学者认为，刘备导演的"话剧"，在巴蜀戏剧史上具有重要的史料价值。杂剧是中国戏曲史上具有完整意义的戏剧形式，在唐朝时就已经在巴蜀地区出现，并逐渐成为百姓喜闻乐见的一种艺术表演形式。通过翻阅各种文献典籍，我们可以发现，在唐朝及五代时的巴蜀地区，杂剧的演出、杂剧演员和杂剧剧目的记载是远超其他地区的。

五代时期，907年王建于成都登基称帝，国号蜀，史称前蜀。王建之后，其子王衍即位，王衍酷爱戏曲，常于宫中搭建戏台，甚至不惜重金打造"水纹地衣"，奢华至极。934年，孟知祥建立政权，史称后蜀，定都成都。孟知祥之后，其子孟昶即位。孟昶仍极好戏剧歌舞，沉溺声色。由于巴蜀地区统治者对戏剧的喜好，从而客观上为巴蜀地区戏剧的发展提供了良好的环境，进一步造就了"蜀戏冠天下"的盛况。

宋代，随着经济的不断发展，市民阶层逐渐成为城市的主体，人们在物质生活得到满足的同时，对精神生活的需求愈发显著，艺术的欣赏水平不断提高，中国戏曲也正是在此时走向成熟。《宋史·乐志》中记载，宋代宫廷教坊面向全国选拔乐工，"其后平荆南得乐工三十二人，平西川得一百三十九人，平江南得十六人，平太原得十九人，余蕃臣所贡者八十三人，又太宗藩邸七十一人"。由此可见，川西地区实为戏剧艺术较发达地。1974年，通过考古发掘，在四川广元出土了一座宋代淳熙年间的的墓葬，其中就有四幅记载宋代杂剧表演的墓壁石刻，这让我们更加直观地感受到了宋代杂剧的几许风貌。

明朝时期，史书中有了"川调""川戏""川音"的记载。明代"乐王"陈铎，曾见过四川的戏班演出，深感与其他戏剧不同，便作散曲《坐隐先生精订滑稽余韵·朝天子·川戏》以及套曲《嘲川戏》以记。这也是目前所见到的关于"川戏"出省演出的明确记载。

---

① 陈寿撰，裴松之注：《三国志》，中华书局1959年版。

图4-4　川剧演出场景

明末清初，政权更迭，巴蜀地区饱受战争之苦，人口锐减，民不聊生。清政府就此实行了移民实川、恢复生产等政策，随后湖广、陕西、广东、福建等地区的民众纷纷迁徙到川，这就是历史上著名的"湖广填四川"。与此同时，当时最为流行的昆腔、皮黄、高腔等戏曲也逐渐传入四川，使得巴蜀地区的戏剧得到进一步的发展。直至乾隆后期，川剧得以基本形成。川剧一经形成，便在巴蜀大地上广泛传播，以各种民俗活动为载体在社会各阶层迅速普及。

鸦片战争后，西方文化在中国逐渐盛行，川剧面临未知的挑战。川剧顺应时代的发展，实力雄厚的戏班逐渐转移到城市的会馆、茶楼等固定的场所进行演出，大城市的川剧开始脱离民俗文化而独立。但是民间戏班依然与民俗文化相互依存。

民国初年，川剧进城市已成常态，民间戏班在乡间流动演出也建立起了自己的演出机制。川剧脱离民俗活动进入大城市的茶楼、剧场，开始融入人们的日常生活。民间戏班的流动演出也为农村的观众提供了观看川剧演出的机会。

中华人民共和国成立之后，民俗活动有所减少。但是在"文艺为工农兵服务"的口号之下，戏团下乡成为一种新风尚。改革开放以来，巴蜀地区经济文化日益发展，但随着互联网的发展和新媒体平台的兴起，人们的娱乐方式发生了根本性的变化，对传统的川剧造成了巨大的冲击。

21世纪以来，随着国家对非物质文化遗产保护工作的推进，2006年，大家的目光再次投向川剧，川剧作为中华民族优秀的传统文化，也自然被列入了非物质文化遗产保护名录，振兴川剧成为每一个巴蜀人不可推卸的责任。

## （三）学科融合探究

川剧作为中华民族传统文化中的重要组成部分，是我国戏曲艺术的重要代表之一。川剧的发展几经浮沉，"振兴川剧"巴蜀人民义不容辞！中学生可以为"振兴川剧"做些什么呢？请就此展开探究。

## 四、初中美术中的川剧变脸

### （一）美术课程中的川剧变脸简介

在人美版美术教材中有"继承发扬中国美术优秀传统"等课程内容，《义务教育美术课程标准（2022年版）》在教材编写建议中特别指出，"选择美术教科书内容时，要特别重视优秀的中国传统美术和民族、民间美术，弘扬优秀民族文化，体现中国特色"。川剧作为国家非物质文化遗产，是极具中国特色的民族文化和民间美术。为了继承和弘扬川剧艺术，川剧继承人们做了大量的工作和努力，中学生也应该加深对传统文化的认识，了解它所承载的审美理想和艺术价值。

川剧在中国的戏剧史和巴蜀文化的发展史中占有十分独特的地位，是最具代表性的巴蜀文化之一，具有独特的艺术魅力。它的表现形式多样，通过巧妙地融合各种技艺并经过多年的发展，不仅形成了独特的艺术表现手段，也成为四川风土人情、民俗等的重要载体。在巴蜀大地上的政治、文化、宗教、历史、民俗、艺术等，川剧都能以其独特的形式进行诠释，为研究巴蜀文化提供了丰富的材料和独特的切入点。川剧的含义和多样的艺术表现形式更具有丰富的美术价值，值得我们去深入挖掘和广泛借鉴。

### （二）川剧变脸里的美术知识

随着世界文化的蓬勃发展，中西方文化相互碰撞，民族文化作为我国文化建设的重点，中学生更加需要去了解民族文化和弘扬民族精神。结合美术学科知识，学生可以从川剧脸谱的两个方面去深入挖掘民族文化，也就是川剧脸谱的造型和川剧脸谱的色彩。

1. 川剧脸谱的造型

川剧脸谱依据四川的历史、生活生产条件去刻画人物造型，在川剧舞台丰富多彩的表现元素中作为最能直接观察到的视觉符号被人们所认知。脸谱演员需要对川剧中人物性格特征、心理活动进行理解，才能通过精美的造型、强烈的色彩表达出戏曲角色的内涵。它和川剧一样都承载着深厚的人文价值，对于我们探究巴蜀文化的艺术性和审美性起着不可替代的作用。

我们可以结合川剧脸谱的造型来学习一下初中美术中造型相关的知识。比如九年级上册所学到的"线条的艺术表现力"，线条是美术的基本造型元素之一，在自然界和生活中更是千变万化，各具美感，使世间万物展现出多姿多彩的面貌。它富有节奏感和表现力，与造型中另外的元素——点和面结合，与川剧脸谱碰撞时，又能产生怎样的火花呢？

在川剧脸谱的造型中，点的作用一般是画龙点睛，点的大小、疏密、位置使它在脸谱中更能被辨析。因其灵活性可以在多变的线条和不同大小的块面中进行各种组合，这种组合能够更加吸引人的注意力，给观众带来富有节奏或秩序感的视觉效果。如《保国图》中的徐延昭、《金山寺》中的火神等，点就起到了平衡和定位的作用，使脸谱的整个构图在稳定中富有变化。

线条在川剧脸谱中更是占有重要地位。它能构成任意图形，造型多变且细腻。在川剧脸谱的勾画中，艺人们会选择与脸谱线条粗细吻合的画笔进行勾画，线条的粗细、长短、疏密传递的角色心理变化和带给观众的视觉感受也会由此不同。而且川剧脸谱中的线条大多以曲线呈现，它比单纯的直线更富有韵律感，在变化当中进行的点线面的结合使表现出的情感也更加丰富细腻，例如《博望坡》里的夏侯惇、《阴阳界》里的鸡脚神等。

除了点和线外，川剧脸谱的造型也少不了面的运用。面通常是给人整体的感觉，可以在画面中丰富层次，形成对比。川剧脸谱中的面以色块的形式出现，加以面的多种形态，如自由形、有机形等，在了解人脸的五官分布和肌肉运动规律下进行呈现。学生在学习线条的艺术表现力时，可以将点线面结合起来，在画黑白装饰画的时候也可以将三者进行组合，用于加强黑白的装饰效果、肌理效果等。

此外，川剧脸谱的图样纹路装饰也十分丰富，有动物、植物、兵器、抽象图形等，不同角色的脸谱拥有不同的图案造型，而同样的角色在不同的剧种当中绘制方法也有差别。如将动物的形象作为脸谱图案的提取来源，通过适当的变形和夸张，在满足川剧剧情的情况下与艺人的面部肌肉、五官凹凸等贴合起来，彰显脸谱的生动性。比如人物马俊在不同剧本中，在他的不同时期时使用的都是蝴蝶图案，但经过艺术处理以后，蝴蝶的外观虽然都拥有基本特征，但所呈现的装饰感却变得不一样了。

2. 川剧脸谱的色彩

川剧中脸谱的取色源于中国传统色高纯度的提炼，具有很强的装饰效果。脸谱作为观众的视觉中心，色彩之间的夸张和对比更能够吸引观众的注意。结合人美版七年级所学的色彩知识和八年级上册中的"用装饰色彩来表达""用色彩表达情感"两课，学生学习的色彩运用和川剧脸谱的运用的相似之处在于，都通过色彩和点线面这些基本造型元素来表达对世界的感受，借助色彩把自己心中那些新奇、绚丽的印象倾注在笔端，抒发或宣泄情感，用色彩的激情打动观者，抓住观者的眼球。

川剧脸谱的色彩丰富，每张脸谱都有自己的基本色调，一般情况下脸谱也会以其主色来命名，例如红脸、黑脸、粉脸等。跟学生所学的色彩知识不同的是，川剧脸谱色彩所包含的意义与色彩所包含的情感意义大不相同。比如在日常色彩中，黑色一般带有恐怖、沉默的情感色彩，而在川剧脸谱色彩中它被用来体现人物的刚直和铁面无私；白色在日常中一般被认为是干净、纯洁的象征，而在川剧脸谱中则被用来表现人物性格狠毒、阴险。所以在理解川剧脸谱色彩的含义时，一般不根据色彩的含义为基准，不然会误解川剧脸谱所传达的人物性格特征。

在感受川剧脸谱魅力的时候，需要去体会学习川剧脸谱的造型（图案花纹以及点线面的结合），也需要去体会川剧脸谱用色方法背后的用意，在欣赏川剧脸谱色彩作品时，形成脸谱色彩隐喻人物性格的认同。培养学生对于祖国优秀传统文化遗产的认知，让他们意识到继承与发展文化遗产是他们的责任，坚定他们的文化自信，树立民族自豪感！

### （三）学科融合探究

"红黄白绿蓝施粉黛登舞台，喜怒哀乐愁画角色演人生。"通过川剧，学生们感受到了巴蜀文化深厚的历史沉淀、祖国文化的博大精深，请学生在节假日走进川剧表演场所，在近距离感受川剧的魅力后，写一篇自己的感想（可从如何保护和继承等角度思考）。

## 五、初中音乐中的川剧变脸

人音版音乐教材九年级下册第五单元"戏曲撷英"一章中，选入了中国戏曲之地方戏曲单元，目的是让广大中学生对我国最具代表性的戏曲唱腔音乐有所感受和了解，从而能够对中国戏曲艺术的审美价值和传承价值有所认同。[①]本单元是继八年级下册第五单元"京腔昆韵"的戏歌《梨园英秀》之后又一关于我国传统戏曲的单元，在教材第49页介绍了"中国戏曲"是一种包含音乐、舞蹈和戏剧等因素的表演艺术。我国有京剧、昆剧、川剧、评剧、越剧、豫剧、秦腔、黄梅戏等三百六十多种地方剧种。其中"川

---

① 《义务教育教科书·音乐（九年级下册）》，人民音乐出版社2024年版。

剧"于2006年5月20日作为最具有代表性的地方剧种之一列入了我国的第一批非物质文化遗产剧目。虽然暂时没有罗列具体曲目进入教材赏学,但川剧文化作为重要的地方剧种之一,其历史渊源、独门技艺等具有极强的民族特色,深受当地人民群众喜爱,非常值得学生课内外进行鉴赏、学习乃至传承。

### (一)川剧及其历史渊源

川剧是中国文化史上辉煌的一笔,是巴蜀文化中独树一帜的"明星",是流行于西南地区的川(四川)、渝(重庆)、滇(云南)、黔(贵州)的地方大剧种。其历史悠久,剧本故事丰富,表演技艺特别,演唱声腔独特,是深受当地人民群众喜爱的民间艺术。中国戏曲溯源,当是古代祭祀歌舞,据史书《华阳国志·巴志》等书籍记载:"周武王伐纣,实得巴蜀之师,著乎《尚书》。巴师勇锐,歌舞以凌殷人,前徒倒戈。故世称之曰'武王伐纣,前歌后舞也'。"字里行间透露出巴蜀歌舞在民间盛行的实况。四川广元出土的宋墓宋杂剧石刻(见图4-5),成都出土的宴乐长袖舞画像汉砖、宴乐舞百戏画像汉砖(见图4-6、图4-7),战国宴乐渔猎攻战纹壶、女舞俑等均表明四川在周、秦、汉时期,歌、舞、乐的发展已经进入比较成熟的阶段,成为戏剧早期萌芽。至隋唐及五代时期,巴蜀歌舞、百戏已达到很高水平。在唐朝进入兴盛期,时人赞道"蜀戏冠天下"。历史上,还发生过许多有趣的川剧小故事,唐代就有这样的一个故事:古时候戏班子后台都会供奉两位"祖师爷",一位是唐明皇李隆基,自誉"梨园之首"。另一位是酷爱戏曲的唐庄宗李存勖,"李天下"就是他给自己取的艺名。他深深喜爱戏曲,达到痴迷的地步,经常亲自登场,扮演角色。

图4-5 四川广元宋墓的宋杂剧石刻[①]

---

① 出自王文章著《川剧》第一章"梨园奇葩",文化艺术出版社,文化艺术出版社2012年版,第30-31页。

图4-6 成都出土的宴乐长袖舞画像汉砖[①]

图4-7 成都出土的宴乐舞百戏画像汉砖[②]

清乾隆年间是四川戏曲的成长突破期。因当时经济政治的变化,四面八方的戏曲文化纷纷涌入四川,如来自陕、甘、苏、赣、鄂、皖等的各地声腔。为了迎合当地人民的喜好,他们使用四川本地话演唱,在长期的演变中,逐步发展融汇成为今天我们接触的有地方口音的川剧五种声腔,即胡琴、昆曲、灯调、高腔、弹戏。清代四川石刻《活捉宿介》《白蛇传》(见图4-8、图4-9)印证了这一繁盛时期,川剧在整个西南地区以及周边省市县的盛况。新鲜剧目也纷至沓来,并加上了"水袖""吐火""变脸"等绝活,其对观众视觉、听觉上造成的冲击力,令观众深深折服,叹其妙不可言,回味无穷。这个内容比较适合有一定自主意识、阅读能力和实践能力的初中学生,能够增强其对川剧历史渊源主动探索的意愿,激发其对川剧的兴趣。[①②]

图4-8 清代四川石刻《活捉宿介》[③]

---

[①②] 出自王文章著《川剧》第一章"梨园奇葩",文化艺术出版社2012年版,第30-31页。
[③] 出自王文章著《川剧》第一章"梨园奇葩",文化艺术出版社2012年版,第6-10页。

图4-9　清代石刻《白蛇传》[①]

## （二）川剧的艺术部分

川剧艺术由唱腔、行当、服饰、妆容、乐器、曲牌、变脸等部分构成。[①]

### 1. 什么是变脸

"变脸"作为川剧的主要艺术成分之一，是主要运用于塑造人物形象，揭示剧中人物内心情感的具有浪漫主义色彩的表演技法，常用来表现剧中人物情绪、心理状态的突然变化，达到"相随心变"的艺术效果。"变脸"彰显出川剧更浓郁的地方特色，是四川拥有的一门独门技艺。川剧在民间，素有"五三"的说法。"五"指五种唱腔，即昆曲、弹戏、高腔、灯调、胡琴，"三"则指三种绝活，即变脸、水袖、吐火。也有人说"三"指滚灯、变脸、吐火这三绝。变脸是这些绝活里最重要的一种。

### 2. 变脸——川剧绝活

（1）变脸的诞生：

相传"变脸"是古代人类在面对凶猛野兽的时候，为了生存，把自己画得面目狰狞，吓唬野兽，从而确保自己平安的方法。川剧则把这种"变脸"本领和技术引入舞台上，久之，在不断的创新和演出实践中，这门"变脸"技法便固化成为独特的川剧戏法。"变脸"与川剧相较，它的技艺形成晚很多，成熟于20世纪。"变脸"能更形象生动地展现故事的悲剧色彩和喜剧色彩，进课堂时，学生可以开展讲传说故事、演故事、画脸谱、"变脸"趣味性表演等艺术表现活动，对川剧"变脸"绝活进行多方位诠释和理解，以此激发学生对传统文化的学习兴趣，坚定学生的文化自信。

---

[①] 出自王文章著《川剧》第一章"梨园奇葩"，文化艺术出版社2012年版，第6-10页。

（2）川剧变脸的手法：

"扯脸"绝技使用率最高，运用最广，最受欢迎。它是看似简单，实则复杂的一种变脸技法。演员表演之前，将脸谱画在事先准备好的绸子上，剪好脸状谱形，每张脸谱上都拴一把丝线，再一张张地贴在脸上。丝线要拴在方便牵引的地方，跟随剧情需要跳舞并在舞蹈动作的掩护下，以迅雷不及掩耳之势陆续挨张地将它们扯下来，达到迅速变脸吻合剧情的效果。例如：《白蛇传》中的（紫金铙钹），它幻化人形后可以变幻诸如红橙黄绿黑白紫等七八张不同的脸。再如《归正楼》中的贝戎九次变脸。

"抹脸"绝技得把化妆油彩事先涂抹于脸的某一特定部位，需要变脸的时候，用手往脸上一抹，颜色混淆，就变成另外一种脸色。根据剧情需要，面部变化的面积、密度可大可小，面积大，多抹点位，反之少抹点位。"拭爆眼"也算是一种"抹脸"技法，即专门将眼圈一周迅速抹变色。如《断桥》中白娘子的妹妹小青蛇，《放裴》中的裴禹等都有采用"抹脸"技法的桥段。

"吹脸"是用嘴巴吹化妆粉，表演者做伏地的舞蹈动作之时，靠近地面，趁机猛地一口，将准备在地上的小盒子里的化妆粉末吹反扑到脸上，实现变脸。只是需要注意在吹的时候闭气、闭口、闭眼，避免呛到自己引发安全隐患。未成年人未经过专业训练，建议不要尝试此法。川剧《青州坟》中的李存孝等人物的变脸，采用的便是"吹脸"的技法。

"气功变脸"也叫"憋"，憋气的意思。川剧《空城计》里彭泗洪扮演诸葛亮，为了表现出得知司马懿退去军队的消息时的后怕、如释重负等复杂心理变化，他使劲憋气，运用气功令自己的脸色从红色变成白色再转青色，把这过程性的心理变化表现得淋漓尽致。川剧《吃糠》中的张婆、《卖水记》中的彦贵、《琵琶记·吵闹》一剧均用了这种方法。

"面具变脸"也叫"戴脸"，取"戴在脸上"之意，是最简单的一种变脸方法，指将用纸壳糊制的面具（俗称"脸壳"）通过套头或用口咬住面具后部所加扣带的方式蒙在脸上。《三变化身》《活捉王魁》都用到此法。

"揉脸"就是字面意思。《望娘滩》中，聂龙使用"揉脸"技巧，通过揉搓脸部，让面部预先涂抹特殊颜料的不同区域相互混合、覆盖，达到变脸的效果，增强了表演的艺术表现力。

"画变"需要演员在表演过程中，现场用画笔和颜料在脸部作画，达到塑造人物性格的作用，增加了表演的观赏性。

### 3. 变脸名人、新生传承人的故事

（1）川剧变脸名人：

**魏长生** 1744—1802年，字婉卿，俗称魏三，四川金堂县人。其从艺史有两种说法：一说其幼年曾向金堂陕西会馆秦腔戏班学唱秦腔，13岁时，随其娘舅卫徐生赴西安，遂以唱戏为业；二说他在家乡即已艺业有成，乾隆四十年（1775）直接由四川到北京，这些过往诸多史书均有记载，有迹可循。

**王道正** 1939年生，老家重庆。四川著名川剧表演艺术家、一级演员、变脸传承人，从小是孤儿。1980年开始了其"变脸"演出生涯。至1996年，他可在3分30秒的时间里，陆续变幻出绿、蓝、白、红、棕、黑、黄、金八张脸，创历史新高。

（2）川剧变脸新生传承人：

**樊磊** 艺术硕士，一级美术师，歌手，2002年做客中央电视台《想挑战吗》栏目变幻62张脸，是当时的吉尼斯纪录保持者，也被誉为世界"吉尼斯变脸第一人"。

**唐东** 唐家班变脸创始人，曾于2012年，用3分钟50秒变脸101张突破前人的吉尼斯世界纪录。

**龙越** 巴蜀变脸传承人。从小受母亲影响对川剧变脸艺术着迷，15岁进入中国遂宁川剧团拜师学艺。以川剧变脸身份强势跨入演艺圈，逐渐发展至演员。

### 4. 《变脸》歌

"变脸"绝技的精彩演出，常伴随着韵味十足的背景音乐。一首激荡人心的歌曲《变脸》作为变脸绝技的背景音乐，令"变脸"演出效果堪称锦上添花。这首《变脸》的诞生，源于四川人陈小涛对家乡的喜爱，家乡的文化令其着迷。有一次回老家，他凝望着家乡充满亲情的巴山蜀水，油然萌生了把川剧绝活"变脸"写成一首歌的创意，他希望巴蜀文化通过歌声走向全国。陈小涛把想法告诉身为著名文学家、剧作家、词作家、一级编剧的阎肃先生，阎肃一听，大加赞同并积极支持和参与其中。他深入四川腹地考察民风民情，经过24小时不懈怠的连续斟酌，《变脸》歌的歌词诞生了。曲作家孟庆云、陈小涛为之谱曲。该曲文字优美，川风浓郁，旋律高亢响亮，再由歌唱家陈小涛淋漓尽致地演唱。自此，这首尽显川魂豪健，唱念作派川味儿十足的《变脸》歌火遍中外。

川剧名人、名事、名家、名作像一座座灯塔，引领学生学习的方向，课堂中进行川剧艺人榜样了解，学生或许就拥有了自己的川剧偶像，更有助于树立民族艺术的文化自信和自豪感。

# 变 脸

阎肃 词
孟庆云、陈小涛 曲

1=G 4/4 2/4

慢 有冲击力地（四川民歌风）

(伴唱) 变！ 变！ 变啰！

辽阔地

独：在天府之国哟  我们

伴：天府之国哟

四川啥！

我们四川啥！

（说唱地）　　　　　　　　　　　　充满戏剧性地

有一种绝活 既神奇又好看，　活脱脱一幅面孔，

颂扬地

热辣辣一丝震颤，　那 就是舞台上的川剧。

川剧中的变　　　　　　　　　　脸！

伴：

一 大 奇 观　　　　　　　　　　　　　嗨！

# 第四章 巴蜀民俗文化

6 6 １ 7 7 6 | 7 - - - | 7 - - -
根底 它 全 在 四 川。
老辈 子 代 代 相 传。

１ 6 0 0 | 5 6 0 0 0 | 3 6 0 0 0 | 5 6 5 6 5 6 １ 6
变脸！ 变 脸！ 变 脸！ 变脸变脸变脸变脸

3 - - | １ - - | １ - - | 6 １ 6 5 6 - -
变！ 脸！

6 - - - | 5 6 0 0 0 ‖: 6 6 6 5 3 - | 2 2 2 1 6 -
变 脸！ （女伴）确实 不 一 般、 确实 不 简 单、
　　　　　　　　（女伴）确实 很 神 奇、 确实 很 尖 端、

2 2 2 3 3 3 | 5 3 6 6 - :‖ １ 6 6 5 3 5 6
不一般、不一般、不简单！ D.S.(独)变 出 个 赤橙黄绿
好潇洒、好浪漫、好好看！

2/4 １ 5 6 | 4/4 0 0 0 0 | １ 6 6 5 3 5 6 | 2/4 5 2 3
青 蓝 紫。(合)变 变变 变变 变！(独)变 出 个 英雄豪杰 齐 争先！

0 0 0 0 | 4/4 １ 6 6 １ 6 5 6 | 2/4 ２· １ 5 6
(合)变 变变 变变 变！(独)变 出 个 巴蜀儿女 同 心 干！

0 0 0 0 | １ 6 6 １ １ 6 １ | 2/4 ２ ２ １ ２
(合)变 变变 变变 变！ 变 出 个 中华民族 气 象 万 千

4/4 ２ - - - | １ - 6 １ | ２ - - - | ２ - - -
(合)变罗 变罗 变罗 变罗！ 艳 阳 天！

7· 7 7 6 | 5 - - - | 7 - - - | 7 - - -
万 紫 千 红 百 花

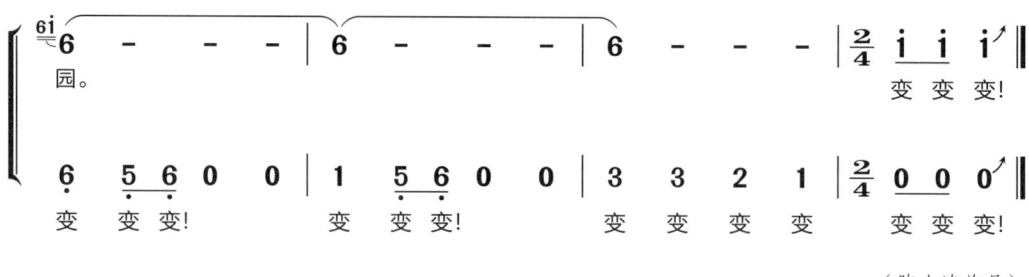

（陈小涛首唱）

5. 变脸经典剧目的推荐

（1）《白蛇传·金山寺》：

故事梗概：该剧讲述法海欲捉白素贞入雷峰塔，与之进行了一番激战，小青为了姐姐白素贞奋勇拼搏，护其安全撤离的故事。法海手持法器紫金铙钵化为人形，名唤钵童，先后三次出场，每一场的变脸绝技都非常精彩，生动而清晰地展现出钵童寻找白娘子时的张狂、发现白娘子时的激动、罩住白娘子时的喜悦等一系列复杂的内心情感变化，人物性格通过脸谱的变化展现得淋漓尽致。

（2）《归正楼》：

故事梗概：该剧讲述有一位豪侠名唤贝戎，他武艺高强且擅长乔装易容，是一个劫富济贫、锄强扶弱之人。一日，贝戎偶遇破落子弟邱元瑞骗妻苏月娘入青楼还赌债，他见后义愤填膺，于是救出月娘并与她结为兄妹，而后隐退江湖。这个剧前后8场，分别进行了"前三变化身""后三变化身"的变脸表演，甚是精彩。

6. 关于传承的反思

近几十年来，许多民间艺术几近失传或者濒临消失，川剧也同样面临这种严峻的考验。苏联作家高尔基曾言："一个民间艺人的逝世，相当于一座小型博物馆的毁灭。"[1]川剧"变脸"大多都遵循"传男不传女，传内不传外""口传心授"、仅限于师徒相传的传授模式，使这一绝技一直蒙着一层神秘的面纱。这是对文化的一种保护手段，但也导致学习川剧的学员数目相当有限。因此，应在校园内形成较好的川剧艺术氛围，让学生对川剧的认知能长期在学校大环境中得以日积月累，这对川剧艺术的传承和发展有不可替代的作用。

---

[1] 杨丽媪：《民间艺术的困境与出路》，2007年12月11日，https://www.ihchina.cn/luntan_details/8494.html。

## （三）学科融合探究

任务一：与综合学科融合。让学生思考怎么做既能防止本土戏曲技艺不被别国窃取，又能更好地对中华本土曲艺技艺进行传承。

任务二：与美术、民族手工艺等学科融合。引导学生尝试用剪纸、绘画、手工艺品制作等方式设计川剧脸谱或者服饰。

任务三：与语文文学学科融合。让学生观看一段川剧，尝试动笔写一写观剧诗评。

鉴赏当代著名戏剧家魏明伦于1998年1月12日看戏的诗评：

### 喜看川剧《变脸》

鬼才挥椽笔，《变脸》动京城。

绝技传于世，悲歌泣失声。

艺人多惨痛，孤女更伤情。

回首前尘恨，川迷四座惊。[①]

任务四：与音乐、戏剧学科融合。川剧能绽放魅力与台前幕后的伴奏乐器密不可分，让学生列举一二个适合为川剧伴奏的民族乐器并说说为什么。

任务五：与阅读融合兴趣拓展。书籍推荐：由杜建华著、四川人民出版社出版的《川剧》，是在"非物质文化遗产"的引领下，从民族民间的共性规律出发，通过考察川剧的独特艺术价值，进行了深入浅出的阐释，书中的许多图片极为宝贵，非常值得一阅。

# 第四节　轻音绝唱

## 一、初中音乐中的四川清音

在人音版音乐教材九年级上册第五单元"曲苑寻珍"一章中，选入了丰富多彩、独特精湛的中华曲艺音乐，其目的在于令对曲艺音乐相关知识知之甚少的中小学阶段的学生，在面临当今各类丰富多彩的新形式音乐的冲击下，对古老而优秀的民族艺术多一些

---

[①] 刘乃崇、蒋建兰：《老两口谈戏剧》，文化艺术出版社出版，第317、318页。

了解和学习，增进对民族艺术文化价值和审美价值的认知，通过九年义务学段校内音乐课堂实现对该艺术的传承乃至发展。本单元在教材第45页介绍了"中国曲艺"，曲艺音乐又称说唱音乐，是用口语来"说唱"，故其别称是"说唱"或"说唱艺术"。"说"是最核心和主要的，称"说功"，说得口若悬河；然后就是"唱功"，唱得扣人心弦；辅以"做功"，做得淋漓尽致，就是这样的"说唱做"成就了民族曲艺经典。①作为典型的民族艺术，它是具有"简便性、综合性、地方性、通俗性"的戏剧，曾有"百戏"称号，是有很"土"（民族性和乡土味）特质的艺术，是一种真正来自民间又受众民间的珍宝型民族艺术。

## （一）巴蜀曲艺及其历史渊源

### 1. 什么是曲艺

曲艺是综合的艺术，至少包括文学、音乐及表演等多种因素。我国曲艺的形成比音乐、舞蹈的初成要晚很多，曲艺成形比其他艺术需要更多的条件。从考古研究中可找到依稀线索，其最早形成年代或许在宣和年间或者南宋光宗时期。②汉代《礼记》、唐代《代曲江老人百韵》等书中，均有关于曲艺的记载。从文学和戏曲角度看曲艺，曲艺像母亲，文学体裁和戏曲剧种像它的孩子，故曲艺被称为"戏曲之母""文学之父"。在没有文字和语言记载的中国发展史上，曲艺作为载体，把无法考证的很多历史文化、民间故事等通过曲艺的说唱一代代传承和传播下来，具有非常重要的"母体""载体"价值。从当代的视角看曲艺，它是各种艺术中最简单的一种，但在古代的形成过程中，曲艺却是最为复杂的，有着漫长发展过程的艺术。先秦时期的瞽矇以乐歌讽谏为主要职能，如《国语·周语》记载"瞽献曲，史献书"，通过演奏乐器、传唱诗歌实现政治讽谏；汉代"击鼓陶俑"于1957年在四川成都天回镇汉墓出土，也有人称其为"击鼓俑""说书俑""成相俑"以及"俳优俑"等（见图4-10）。有此多命名，皆因曲艺兼备了说和唱乃至演的特点，它通过娓娓动听的唱腔与伴奏、细致入微的表情，简明扼要地把中国百姓的思想情感和生活场景描绘得惟妙惟肖。它浸透着不同地方语音、语调的韵律，似说非说、似唱非唱，唱中带说、说中带唱的表现形式，令人无比亲切，让人感受到自然而然的美感，并在千百年的历史进程中熔铸于人们的心灵，唤起人们对美的共鸣。

---

① 吴文科：《中国曲艺艺术论》，山西教育出版社2000年版，第365-389页。
② 姜昆、倪锺之：《中国曲艺通史》，人民文学出版社2005年版，第23页。

图4-10 四川成都天回镇出土的东汉坐式陶俑

### 2. 什么是巴蜀曲艺

巴蜀曲艺作为一种艺术也叫四川曲艺,是中国一颗璀璨的艺术明珠,成为最具有特色的四川地方曲艺之一。它是来自四川的"说"和"唱",后发展成为"说唱艺术",品目多样,各领风骚。主要剧种有四川相书、四川扬琴、四川评书、四川竹琴、四川清音、四川善书、四川谐剧、四川花鼓、四川金钱板、四川车灯、四川盘子、四川荷叶、四川快板书、四川方言相声、四川莲厢、四川莲花落、四川木偶戏、四川藏戏、羌族释比戏、四川傩戏、南坪弹唱、四川皮影戏、折嘎、格萨尔仲、月琴弹唱等,各有极强的地方特色,极具艺术价值,值得学习和传承。据传汉代以前就有了,到了唐、宋时期,这种文化发展达到高热阶段,说唱艺术开始具有了文化性。宋代岳珂曰:"蜀伶多能文,俳语率杂以经史。"到了清代,四川融入周边各省市县不同风格艺术,让四川说唱在曲调、题材、语言等方面进行了全方位融合,四川地方口音彻底融入曲艺,并发展成为独具特色的四川曲艺,届时,四川的茶馆、酒馆文化盛行,只要有人聚集的地方,都可以成为艺人们的舞台。有钱的达官贵人家里,有喜事大事,也常邀曲艺艺人到家中演"堂会"。正如诗词:"清唱扬琴赛出名,新年杂耍遍蓉城,淮书一阵莲花落,都爱廖儿哭五更。""萧条市井上初灯,取次停门顾客疏,生意数他茶馆好,满堂人听说评书。"这些诗词字里行间均透露出巴蜀曲艺在当时的盛况。进入民国后,巴蜀艺术仍旧繁华不减当年。茶馆酒肆、街头巷尾、旅店客栈、烟馆妓院等都有它们的一席之地。在这样的市场行情下,甚至出现了带有专门功能的曲艺书场、戏曲表演戏台等。蓉城的"锦江茶楼""芙蓉亭"就是曲艺时代的产物。19世纪初,曲艺"四绝"诞生了,分别是清音代表李月秋、相书代表曾炳昆、竹琴代表贾树山、扬琴代表李德才。

悠久的曲艺历史长河中,众多芸芸众生对巴蜀曲艺的深沉又朴实的喜爱,是四川曲艺经久不衰、流传至今的根本。四川清音作为其中之一,其曲目《峨眉茶》被推荐到教材中学习,我们一起去了解一下吧。

## (二)四川清音

### 1. 什么是四川清音

四川清音也称"唱小曲""唱月琴""唱琵琶",是四川曲艺中"以唱为主"的代表曲种,可溯之源长,可证之史短。①通过语言叙述表演达到叙事、议论、抒情或者说明等目的,有两个别名,分别是"唱小曲""唱小调"。老百姓因为看到它的演唱总与月琴或琵琶相伴,习惯称呼清音为"唱琵琶""唱月琴";也有直接喊"琵琶""月琴""唱海湖""唱海班"的。伴奏方面,除"琵琶""月琴"之外,清音有时候也会用"二胡""檀板""竹鼓"等其他民族乐器进行伴奏演唱。清音主要在西南地区(四川、重庆)表演,活跃于茶楼书场之中。20世纪30年代至60年代,它完成了成形和盛行的蜕变。该时期,杂糅了陕西、河南、浙江、山西、河北、甘肃等地区的曲目风格,以四川地方话融入,慢慢形成了今日之四川清音。女艺人婀娜端坐一凳,右手敲竹鼓,左手拍檀板,边奏边唱,其优美的唱腔,配之丰富婉转的曲调,辅以演员自身天籁之脆嗓和妩媚的表情,其艺术风姿,犹如十八岁少女,手持红木檀板,吟唱晓风残月,以典型的东方婉约之美回馈于四川这方多情的土地和善良的人民,让人对其无法拒绝,疯狂喜爱,欲罢不能。较出名的清音代表作有:《昭君出塞》《尼姑下山》等。古时候没有固定的曲谱,大多用"师带徒,口传心授"的方式进行传承教学。四川清音拥有约200支曲牌,600多支传统曲目。有"大、小调"之分,约八个"大调"一百余个小调。②从流派上看分别有"上河调""中河调""下河调"三大流派。唱腔也极具有歌唱性,易于传唱。国务院于2008年6月7日将四川清音正式列入第二批国家非物质文化遗产名录中。

### 2. 四川清音的结构

清音的唱腔结构有单曲体、联曲体和板腔体,其中"单曲体"曲牌也叫"小调",部分小调曲牌穿插于联曲体唱段中表演,一般使用一个曲调反复演唱多段唱词。在润腔

---

① 陈幸幸:《四川清音进课堂的可行性与实践研究》,硕士学位论文,2021年。
② 肖萌音:《四川清音调查报告》,《黄河之声》,2007年第10期,第96-99页。

方面运用"哈哈腔"和"舌尖弹音"。"联曲体"也叫"大调",共约8个。[1]最受欢迎的曲牌非单曲体莫属,约有近百首,如:《小桃红》《长城调》《剪花调》《剪剪花》等。联曲体代表作有:寄生调、反西皮调、滩簧调、背工调、荡调、月调、马头调、勾调等。"板腔体"较特殊,该形式结构的唱腔较少使用,常沿用原来就具有板腔因素的唱腔。

3. 四川清音的历史渊源

四川清音的起源尚难明晰,至于起源于明末清初还是乾隆年间,还是更早的宋朝,还没有准确的定论,但从它的一些曲牌、结构形式、演出形式等方面看,还是可以追溯到一些线索,寻找到一些渊源。

① "四川清音"是具有久远历史和深厚文化沉淀的曲艺,考古学者发现,北宋时就诞生有联曲体形式。例如,"唱赚"是从北宋时期起萌生的曲艺曲体,发展到南宋时期尤为繁荣。其虽不能准确肯定为清音最早的起源,但南宋吴自牧在《梦粱录》第十九卷诗词里有言:"社会有遏云社,女童清音社,豪家子弟绯绿清音社。"可看出该朝代关于清音的历史渊源。

② 朝代清晰的"单弦牌子曲""陕北眉鄠""湖南继弦"等与四川清音都有很相似的曲艺形式,个别地方几乎完全一致。这些曲牌多数与明清小曲、南北曲或一些其他地方俗曲同出一辙,它们之间千丝万缕的相似,无不展示其亲密无间的关系。

③ 明末的"小唱"(亦称小曲、小调或时曲、时调),清初流行于北方各省,后清王朝统一全国而流向南方及西南各省。四川清音传入四川大约在清朝康熙年间(1662—1722年)。它们发展至20世纪30年代正式被命名为"清音",自此"四川清音"正名了。这些年代的常用语言"唱婆子""小曲""都爱廖儿《哭五更》"也都随处展现出这个时代四川清音的影子。

④ 随着时代的发展,四川清音曲目也顺应时代的需要,出现许多反映时代特征的曲目。比如:五四运动伊始,出现了《妈妈好糊涂》《十想》《好丈夫》等具有反封建思想的剧目。

⑤ 民国19年(1930年),"清音歌曲改进会"在重庆、成都专门成立,预示着四川清音的发展逐步正规。

⑥ 进入抗日战争时期,《上海大战》《送郎去当兵》《五更叹国情》等这样的抗日题材在四川清音中出现,清音艺术很自然地扮演了时代文化的传承载体。

⑦ 中华人民共和国成立后,《兰绣花》《黄继光》《丁佑君》《布谷鸟儿咕咕

---

[1] 杨和平:《中国曲艺艺术欣赏》,苏州大学出版社2011年版,第99页。

叫》等作品的出现，再一次印证了民间清音的历史对文化传承的重要意义。

综上所述，"清音"两百多年前即在四川民间各地盛行，被民众广泛喜爱是不争的事实。

### （三）四川清音名人

李月秋　1925—1996，籍贯四川成都，四川清音表演家。7岁拜师，12岁出师，后在各类书馆茶楼演唱，获得听众赞誉，曾获得各级各类奖项。作品《忆娥郎》《小放风筝》荣获金质奖章。她的从艺态度十分严谨，一丝不苟，嗓音清脆，声线柔媚秀丽，无尽展现亲切委婉之姿，其对剧目具有自己的独到见解，通常以细腻、富有生活情趣的风格示人。并且善于创新，前人开创的"呵呵腔"，在她的严谨研究下，创新为"哈哈腔"，这让清音的表演别具一格，大大增加了舞台表现力。传言她的演唱拥有大批上至达官贵人、名门望族，下至贩夫走卒、平头百姓的一众"粉丝"。她在20世纪40年代被誉为"成都周璇"。在中国传统曲艺的继承人培养上，她也培养出众多优秀的四川清音传承人。

程永玲　1947—2021，籍贯重庆江津，一级演员，四川清音表演家。曾获众多各级各类荣誉奖项，被评为"国家级非物质文化遗产项目四川清音代表性传承人"。1958年进入成都市戏剧学校求学，成为李月秋的嫡传弟子。毕业后就业于成都市曲艺团，走上了四川清音的专业演唱之路。她擅长演唱的曲牌是单曲体的小调，以其甜美的音色、清新俏丽的样貌收获不少听众[①]，继承了老师李月秋的风格，又开创属于自己的特色，是四川清音演唱唐诗宋词第一人，也创新了唱曲舞台呈现效果，开辟了四川清音歌伴舞的表演形式之先河。她也培养出众多优秀的四川清音传承人，其中徒弟成都市曲艺团团长、四川清音艺术家任平获得中国曲艺界最高奖"牡丹奖"等多重奖项。

### （四）经典剧目

1. 《峨眉茶》

《峨眉茶》是汉族民间曲艺里一首非常著名的曲目，主要流行于四川，其体裁属于四川清音，音乐教材九年级上册第五单元中第48页"说唱锦集"里就罗列了这首曲子，填词为佚名，随着时间的流逝，该曲词作者也尚无定论。《峨眉茶》是一首四川清音里的小调曲牌，唱词描写了蜀人所钟爱且名扬天下的峨眉茶，生长在风景如画的峨眉山。

---

① 杨和平：《中国曲艺艺术欣赏》，苏州大学出版社2011年版，第102页。

该清音演唱时需运用多种发音技巧,在我国民族器乐竹鼓、板、扬琴、琵琶、竹笛、二胡的伴奏下,令整曲尽显婉转流畅、清澈甜美之姿,真切地表现出了四川人民愉快的茶山生产生活——他们热情好客,用家乡上等好茶峨眉茶招待客人。演员用清丽婉转的声音,形象生动地描绘出一幅山清水秀、人杰地灵的峨眉美景,令人听后都忍不住要前来品尝峨眉茶那清香醇美的滋味儿。

这首单曲体作品创作于近年,是新时代的戏曲唱段,其以短小精悍、欢快优美的姿态,展示出当今人们过上了好日子的欢乐心情与和谐画面。本曲创作用的是易于歌唱的四二拍子,使用了我国的民族六声商调式的创作手法。旋律欢快、清秀、优美。该唱段的伴奏大胆地采用了丰富的诸如琵琶、笛子等民族器乐给予曲目润色,从而使其更贴近了现代观众的审美。在演唱中很多地方采用了"哈哈腔"。"哈哈腔"的特点是轻巧明快、断中有连,这种极具装饰性的"哈哈腔"的运用,令唱腔更加灵活俏皮、精神抖擞,彰显出快乐、热情、豪爽的风格,亦洋溢着满满的得意与赞美之情,向人们描绘出一幅令人向往的青山绿水美如画的茶山美景。唱段结束前的一句"得儿呀得儿呀得儿"这句唱词,运用上"舌尖弹音"的演唱技巧,更赋予了这段唱腔浓郁的地方风俗特点,从而抒发了对家乡的无限热爱。

《峨眉茶》唱词

峨眉山甲天下,峨眉景致美如画。滚滚云海涌波涛,云雾下面种山茶。白龙泉水哗啦啦响,浇醉了满山的茉莉花。龙泉水云雾茶,茶中还有茉莉花。水甜花香茶更美,远方客人把它夸。游山观景神如画,清音阁上把茶哑。山泉凉水叮咚响,泉边伴唱有琴蛙。听得松柏哗哗笑,听醉了满山的杜鹃花。峨眉茶云雾茶,幽幽清香飘万家。同志哥呀同志哥呀,得儿呀得儿呀得儿。二天你到峨眉来,请喝一杯峨眉茶。

2. 《尼姑下山》

本曲目讲述了年轻尼姑色空因无法忍受佛门的清规戒律,最终冲破束缚,逃出尼庵,追求自由生活的故事。

《尼姑下山》是四川清音的传统曲目,结构完整,音乐性强。唱腔运用四川清音联套体中的主要曲牌之一——月调,其特点是善于表现明朗舒展的情绪。曲牌连接为:月头→夺子→半夺子→半边月→夺子→半夺子→夺子→未调→平板→剪剪花→银纽丝→叠断桥→月尾。其中月头和月尾是月调的两个组成部分,分别用于联曲体唱段的开头和结尾。月头由一个前奏过门和三句基本唱腔组成,月尾的曲调是月头的变化重复,唱腔也是由三句组成,速度较月头稍快。在所插曲牌中,大多有抒情和叙述的表现功能,尤其是夺子和未调，曲调平中见柔，优美动听，表述了小尼姑敢于冲破封建枷锁、追求自身解放的美好心愿。该曲有贯穿性音型，另外还用了较为统一的伴奏过门，因此，唱腔听来既丰富多彩，又完整统一。著名四川清音演员李月秋和罗大春演唱的《尼姑下山》[1]，活跃甜润，纤巧细腻。

## 尼 姑 下 山

（月调）

成都艺人 李月秋 熊清云 唱

① 杨和平：《中国曲艺艺术欣赏》，苏州大学出版社2011年版，第104页。

## （五）学科融合探究

**任务一**：随着时代的进步与发展，人们对艺术的接纳度随之提高，多元艺术时代到来。来自19世纪美国黑人Hip-Hop（嘻哈）文化于20世纪50年代开始盛行，并向世界各地传播开来，其中"rap"说唱艺术以光碟的形式于20世纪80年代末低价流入我国，故"rap"又名"打碟"。于是近些年，大街小巷流行起了嘻哈艺术——"rap"。"rap"作为一种当代年轻人所喜爱的歌唱形式屡屡出现在我们面前，那么我们对它的了解有多少呢?这些"说唱"和我国民族说唱艺术之间是否有关联?它们之间有何异同呢?请学生思考:你怎么看当今流行的"rap"和我国的民族曲艺"说唱"?可以以小品演出、漫画、论文、辩论赛等多种形式对自己的见解进行表达。

任务二(二选一):①请学生学唱一句四川清音的唱腔,并分享这一句唱腔给自己留下最深刻的印象是什么。以比赛唱清音唱腔,讲故事,美术作品展,与家人、同学组队演讲、辩论抑或拍小电影等形式为同学展示清音的美。②请学生介绍四川清音的相关知识、曲目或历史故事,如果选择了用这种形式进行四川清音的展示或介绍,请思考应该提前做哪些工具准备或过程准备。

# 第五节 趣味方言

## 一、初中语文中的巴蜀方言

### (一)语文课程中的巴蜀方言简介

部编版初中语文教材八年级上册中,汪曾祺的《昆明的雨》展现了一个个明亮、丰满,使人动情的生活场景,将貌不惊人的菌子吃出了珍馐佳肴之味,火炭杨梅被声音娇俏的苗族女娃衬得愈发鲜甜,于作者而言,那是忘不了的滋味、断不了的情怀。八年级下册中,贺敬之的《回延安》采用陕北民歌"信天游"的形式写成,诗中使用了富有陕北地方色彩的词语。也正是这些带有方言的语句,让作者与读者之间形成了自然的情感默契。汪曾祺和贺敬之并非当地人,但在一个地方生活久了,留下了情感,这个地方便成为第二故乡,自然对于当地方言倍感亲切,甚至自然而然地融入作品。

一个民族既有共同语,也必有方言。倘若缺了共同语,人与人的交流便会受到地域的限制和阻碍;倘若没了方言,语言会变得单调乏味,地域的魅力也将会有所降低。四川方言属于"西南官话",给人最直观的感受是简洁、直率、概括性强、幽默风趣。

美国好莱坞经典动画片《猫和老鼠》的四川方言配音版本一度风靡,在片中,主角汤姆和杰瑞被赋予了独具四川特色的新名字——"假老练"和"风车车"。本就诙谐幽默的画面配上特有的四川方言,逗得观众捧腹大笑。

## （二）巴蜀方言与文学中的方言文化

《四川省志·方言志》中，记载了四川方言的发展变化。

隋代无名氏的诗《绵州巴歌》的"扬平山，撒白雨"一句中使用了"白雨"这个词。"白雨"在西南方言中意指暴雨、骤雨，在唐代时，成为文人的惯用词。杜甫曾在《寄柏学士林居》中写道："青山万里静散地，白雨一洗空垂萝。"李白《宿鰕湖》一诗中也用到"白雨"一词："白雨映寒山，森森似银竹。"

李白是四川江油人，他有首词里面有一句"寒山一带伤心碧"，秋天的山峦铺洒着一片碧绿苍翠。有诗词专家考证说，"伤心"在这里是"很、非常"的意思，不是"让人伤心"。现在四川话里也有"笨得伤心"的说法。

在汉代，四川人已经喜欢用叠音词，常常用"丁丁儿""点点""些些"等叠词表示"少"的意思。"外面下起了麻麻雨。"这里的"麻麻雨"就是指比小雨更轻微的细雨，而在古代，四川人直接叫"细雨"为"雨毛"。

在四川农村，有一个词叫"撵"。"撵鸡""撵山狗（猎狗）"。这里的"撵"，是"赶""追"的意思，沿用至今。

成都有地名"水碾河"，外地人不知，读成"水展河"。水碾，是以前脱去谷子、麦子糠壳的作坊，也可磨面粉、米粉，用水流作动力。成都平原多河流，借用水力，节省人力。

明代李实所著的《蜀语》，是目前解说四川方言词语、现存最早的地方考证俗言俚语的著作，书中真实地还原了明代时期蜀地方言的基本面貌。书中收录的词语涉及范围较广：

其中有关于人物称谓的，如"呼母曰姐，姐读作平声""呼父曰大大""小子曰（牙子）""小儿女曰幺"；有关于人物动作的，如"谓看曰瞧""手承物曰拓""眼皮动曰眨眼"；有关于器物的，如"抽厢曰屉""漉器曰笊篱""物件曰家火"；有关于服饰的，如"短衣曰襦""鞋衬曰帮""衣系曰襻"；有关于饮食的，如"蒸糯米揉为饼为糍粑""饼中包料曰馅"；有关于动物的，如"雌狗曰草""牛羊膪曰百叶""尾曰巴"；有关于事物性质、状态的，如"老曰老革革""谓人形短曰矮锉锉""少曰丁丁，又曰点点，又曰些些"。

《蜀语》以当时的活方言为对象，记录、考释了一定数量的蜀地方言词语，这对了解明代的四川方言和研究古今汉语的词汇都有一定的意义。该书创立了专门考察同一行署地方词语的范例，后人仿效者为数不少，如毛奇龄的《越语肖祭录》、范寅的《越谚》、张慎仪的《蜀方言》等。

清代的学者傅崇矩在《成都通览》一书中做过统计：今之成都人，原籍皆外省人。但是到了后来，大家已经都说着一口成都腔（湖广话）。正所谓，一方水土养一方人，在不断的影响、融合、消亡、再造的过程中，最适合表达的语言得以流传。

### （三）四川方言发展的重要性

李晓在《在方言里找寻地域文化自信》[①]一文中，谈及地方方言发展的重要性：

知章耄耋之年，告老还乡，见物是人非，不禁生发"少小离家老大回，乡音无改鬓毛衰"的感慨。"乡音"是一枚镌刻在我们身上独有的印记，生生不息、根脉相传，它是来自故乡的慰藉，是地域文化形成的底色。

方言与一个地域的气候、地貌一样，历经千百年，不断被筛选、吸收、同化而形成。这些夹杂着泥土气息的话语，或源于市井生活的寻常琐事，或源于茶余饭后的家长里短，它收纳了民间的智慧，采集了地域的精华。翻过一座山，音调就转变；走过一垄田，意义大不同。你可以讲着吴侬软语，夜话闲谈；也可以侃着东北话语，把酒言欢。正是因为这种特色，才赋予了方言承载文化的使命；也正是因为这个载体，我们的文化才得以遍地开花、异彩纷呈。以融入了方言的地方戏曲为例，无论是秦腔豫剧，还是川剧黄梅，那些生动鲜活、合辙押韵的戏词，唱出了亦俗亦雅的风情，也唱出了中华文化的特色。试想，如果唱词千篇一律，那么何来不同文化的魅力与价值，何来文化生命力的延续？正是因为方言的异质性，才带来它的不可替代性，这是地理与历史赋予我们的文化财富，弥足珍贵，价值连城。

"乡音无改，近乡情怯"，每一种方言都承载着一种文化、一段传承、一方精神气魄。四川方言里留下了祖辈们对物质文化和精神层面的不断追求，以便让后世获得永久的滋养。我国土地辽阔、民族众多，四川方言作为一种独特的民族文化具有丰富的特色文化底蕴，是我国优秀传统文化的重要组成部分。四川方言能准确地表达四川人的情感体悟、思维方式以及长期传承的文化、历史等。当代四川人更应拾起发展方言的重担，让蕴藏其间的语言艺术、乡土文化和人文历史，从湮灭中崛起、兴盛、绵延。

### （四）学科融合探究

伴随着"巴适得板""给力"等方言的走红，"方言梗"逐渐走进大众视野。区别于普通话的板正标准，方言通过"乡土味"与发音、释义大相径庭的"反差感"，

---

① 李晓：《在方言里找寻地域文化自信》，《光明日报》，2016年3月30日。

意外博得了当下年轻人的青睐。但有人却认为我国幅员辽阔,方言交流极不便利,更有碍于中国文化的国际交流与推广。请学生讨论是否应该加大方言推广的文化宣传,并说说理由。

## 二、初中地理中的巴蜀方言

### (一)初中地理中的方言简介

人教版初中地理七年级上册第四章"居民与聚落"的第二节"世界的语言和宗教"当中提到汉语是使用人数最多的语言,这里只是浅学了汉民族的语言——汉语,而汉语又分为七大方言区,分别是粤方言、官话方言、吴方言、湘方言、客家方言、闽方言、赣方言。四川方言属于官话方言中的西南官话(使用人数在70%以上,群体复杂)。

### (二)四川方言中的地理知识

谈四川方言,就必须谈四川人口结构。陈世松编写的《四川通史》中对四川省的人口结构进行了统计:"四川省的人口中,湖广占25%,陕西占10%,云贵占15%,江西占15%,河南、山东占5%,广东、广西占10%,安徽占5%,江浙占10%,福建、山西、甘肃占5%。"

从秦灭巴蜀开始,蜀地的人口迁移就已经开始,为了控制巴蜀,秦国将大量来自秦、赵、魏的人口迁往巴蜀,这样的人口迁移长达大半个世纪。根据历史上秦、赵、魏国的疆域位置,可以将这一时期四川的人口来源确定为北方。而从秦至宋末的这段时间里,迁入四川的人口多来源于西方及北方。总体而言,早期四川人口迁移总趋势是自北向南。宋朝之后,历经元明清三代政权更替,四川本地人口数量暴跌。到了明末清初,大量来自湖广地区的人口迁入四川,逐渐形成了我们熟知的"湖广填四川"。

现行的四川方言中还有很多湖北、广东的元素,这也是"湖广填四川"带来的连锁反应。比如"好+形容词"(用"好大"表"很大")的用法是受粤语对程度副词的使用的影响;"晓得"(知道)、"搞啥子"(做什么)与湖北方言同源。而"湖广填四川"的人口迁移以长江水路为主,辅以汉中入蜀的三条陆路。水路运输量大,但三峡段水流湍急、险滩密布,航行风险较高;陆路山高谷深,易发生坠崖事故。其人口迁移的难度体现了"蜀道难"的四川地貌特点。

## （三）学科融合探究活动

调查家庭人口情况：你的祖籍在哪里？父母或是祖辈们是不是出生在目前所居住的地方？他们当中有人有过迁移的经历吗？请参考下面的步骤，完成家庭人口迁移情况的调查。

（1）询问家庭中父母和祖辈每一个人的出生地和迁移经历。

（2）绘制家庭人口迁移路线图。

（3）比较两代人迁移的特点及原因，讨论迁移给家庭带来的影响。

# 参考文献

[1] 周及徐. 从移民史和方言分布看四川方言的历史——兼论"南路话"与"湖广话"的区别[J]. 语言研究，2013，33（1）：52-59.

[2] 周及徐. 南路话和湖广话的语音特点——兼论四川两大方言的历史关系[J]. 语言研究，2012，32（3）：65-77.

[3] 沈益宇. 四川方言特征词研究[D]. 长春：东北师范大学，2011.

[4] 向学春.《蜀语》与四川方言词汇研究[D]. 成都：四川大学，2007.

[5] 谭伦华. 四川方言动词的重叠式[J]. 西华大学学报（哲学社会科学版），2006（2）：63-66.

[6] 崔荣昌. 四川方言研究述评[J]. 中国语文，1994（6）：419-429.

[7] 崔荣昌. 四川方言与巴蜀文化[M]. 成都：四川大学出版社，2010.

[8] 中国社会科学院语言研究所. 四川方言调查报告[R]. 北京：商务印书馆，2015.